I0136283

SYLLABAIRE

DACTYLOLOGIQUE.

10581.

SYLLABAIRE

DACTYLOLOGIQUE,

ou

TABLEAU D'UNE LANGUE MANUELLE

à l'usage

DES SOURDS-MUETS.

PARIS,

SE VEND A L'INSTITUTION ROYALE, rue Saint-Jacques,
Et chez VERRET, Libraire, rue des Francs-Bourgeois-St-Michel, N° 5.

1823.

AVANT-PROPOS.

Il existe entre les hommes deux moyens de communiquer leurs pensées : la *parole* et l'*écriture*. Le premier est à-peu-près interdit aux Sourds-Muets, les exceptions étant rares à cet égard. Le second est tout-à-fait à leur portée, et frappe leurs yeux comme les sons frappent nos oreilles. Les enfans ordinaires ont appris la langue maternelle en entendant parler, et en répétant ce qu'ils entendaient. Tous ceux qui ont des yeux et qui n'ont point d'oreilles l'apprendront aussi, en voyant écrire et en écrivant. C'est un principe posé par ces deux hommes de bien qui ont consacré leurs doctes travaux au bonheur des Sourds-Muets, MM. de l'Epée et Sicard : *Que pour instruire ces infortunés, il faut écrire devant leurs yeux tout ce qu'on dirait aux oreilles d'un autre ; qu'un professeur de Sourds-Muets doit prendre pour modèle une tendre mère qui apprend à parler à son enfant.* Suivons à la rigueur et dans toutes ses conséquences un principe si lumineux ; laissons de côté, pour UN MOMENT, la grammaire et la métaphysique, qui reviendront en leur temps. Une tendre mère n'environne pas d'épines le berceau de son enfant. Ecrivons sans cesse et faisons écrire. Mais comme l'écriture est lente et ne peut s'exécuter à chaque instant, tâchons d'écrire avec les doigts seuls, et de suivre autant qu'il nous sera possible la rapidité de la parole.

Si tous les maîtres et les élèves d'une institution nombreuse avaient entre eux un tel moyen de communication, ces derniers y apprendraient la langue de leur pays, et ceux qui la savent déjà parmi eux se perfectionneraient dans l'usage de cette langue, avec une facilité qui approcherait sans doute de celle des enfans ordinaires, pour lesquels le sommeil seul interrompt la leçon continuelle de la parole.

Quand les Sourds-Muets sauront notre langue, que nous pourrons leur expliquer à notre gré les quarante mille mots qu'elle renferme, quelle science désormais, hors celles qui sont basées sur la théorie des sons, pourra leur être inaccessible ?

C'est avec un ardent désir d'être utile aux infortunés camarades de son fils, que le père d'un Sourd-Muet leur offre à tous l'usage de cette langue manuelle, dont une administration aussi respectable qu'elle est savante et paternelle, a approuvé la théorie et constaté les heureux effets. Ce succès obtenu sur un seul doit croître en proportion du nombre d'enfans auxquels ce moyen de communication sera appliqué. Puisse-t-il ne servir jamais qu'à la gloire de Dieu, et au véritable bonheur de ceux dont il contribuera à accélérer l'instruction !

SYLLABAIRE

DACTYLOLOGIQUE,

OU

TABLEAU D'UNE LANGUE MANUELLE

A L'USAGE

DES SOURDS-MUETS.

~~~~~~

USAGE ET MANIÈRE DE SE SERVIR
DU TABLEAU CI-JOINT.

Tous les mots de la langue française ont été partagés par l'auteur :

  1°. En consonnes simples, doubles, triples ;

  2°. En portions de mots commençant par *a* ;

  3°. Par *e* ;

  4°. Par *i* ;

  5°. Par *o* ;

2

6°. Par *u ;*

7°. Par *y.*

Ainsi, avec des signes représentatifs de ces consonnes et portions de mots, on peut écrire rapidement tous les mots de la langue devant les yeux du Sourd-Muet, sans employer ni papier, ni encre, ni plumes, ni crayons, ni tablettes.

Les signes primitifs sont au nombre de dix, indiqués dans les gravures par le mouvement des doigts et par les chiffres arabes ou romains qui correspondent à chaque mouvement.

Ces dix signes primitifs se varient autant qu'il est nécessaire, par la position de la main et du pouce.

POSITIONS DE LA MAIN.

Il y a douze positions de la main.

1°. Dans la première position, la main est horizontale ; le dessus de la main regarde le ciel, et la pointe des doigts est tournée vers l'auditeur. (*Pl.* Ire.)

2°. Dans la deuxième position , la main est comme dans la première, mais la paume de la main regarde le ciel. (*Pl.* II.)

3°. Dans la troisième position , la main est verticale et les doigts en haut, et le dessus de la main regarde l'auditeur. (*Pl.* III.)

4°. Dans la quatrième position comme dans la troisième, mais la paume de la main regarde l'auditeur. (*Pl.* IV.)

5°. Dans la cinquieme position, la main est verticale, la pointe des doigts en bas, le dessus de la main tourné vers la personne à qui l'on parle. (*Pl.* V.)

6° Dans la sixième position, la main est dans un plan vertical, le pouce en haut, la pointe des doigts du côté de l'auditeur, comme si on voulait lui porter une botte. (*Pl.* VI.)

7°. Dans la septième position, la main est sur la poitrine, le dessus de la main tourné vers l'auditeur. (*Pl.* VII.)

8°. Dans la huitième position, la main est dans un plan vertical, le pouce en haut ; le dedans de la main regarde l'auditeur. (*Pl.* VIII.)

9°. Dans la neuvième position, la direction de la main fait un angle droit avec une ligne qui irait de vous à l'auditeur ; la main est presque horizontale, mais elle incline un peu vers l'auditeur, afin qu'il puisse voir tous les mouvemens des doigts ; le pouce est du côté de l'auditeur. (*Pl.* IX.)

10°. Dans la dixième position, la main est sur le poignet de l'autre bras, le dessus de la main tourné vers l'auditeur. (*Pl.* X.)

11°. Dans la onzième position, la main est au bas du menton ; elle est dans un plan vertical, le pouce en haut, le dessus de la main tourné vers l'auditeur. (*Pl.* XI.)

12°. Dans la douzième position, la main est dans une direction oblique, la pointe des doigts touche à la naissance du bras opposé. (*Pl.* XII.)

Nota. Nous parlons d'une manière générale, parce que ces signes se font indifféremment de l'une ou de l'autre main ; il est souvent très-avantageux de se servir de la main gauche quand la droite est embarrassée ou blessée, et il est à propos d'en prendre l'habitude.

POSITIONS DU POUCE.

1°. Dans les consonnes, le pouce est collé contre l'index, et il est tout droit. (*Pl.* XIII, *fig.* 1ʳᵉ.)

2°. Dans les portions de mots qui commencent par a, le pouce, encore tout droit, fait un angle aigu avec l'index. (*Pl.* XIII, *fig.* 2.)

3°. Dans les portions de mots qui commencent par e, le pouce est collé contre l'index, mais la première phalange du pouce est courbée à angle droit. (*Pl.* XIII, *fig.* 3.)

4°. Dans les portions de mots qui commencent par i, le pouce fait avec l'index un très-grand angle. (*Pl.* XIII, *fig.* 4.)

5°. Dans les portions de mots qui commencent par o, le pouce est aussi très-écarté de l'index, mais la première phalange du pouce est courbée à angle droit. (*Pl.* XIV, *fig.* 1re.)

6°. Dans les portions de mots qui commencent par u, le pouce, renversé dans la paume de la main, va toucher le bas de l'annulaire ; ainsi on ne le voit pas dans toutes les positions où la paume de la main n'est pas visible. (*Pl*. XIV, *fig*. 2.)

7°. Enfin, dans les portions de mots qui commencent par *y*, le pouce, collé contre l'index, se relève de manière que le nœud de la première phalange paraît rentrer en dedans. (*Pl*. XIV, *fig*. 3.)

MOUVEMENS DES DOIGTS.

Il y en a dix en tout, cinq indiqués par des chiffres arabes, et cinq indiqués par des chiffres romains. Les chiffres arabes indiquent qu'il faut plier les doigts légèrement;

Les chiffres romains, qu'il faut les ployer fortement.

N° 1 arabe. Pliez légèrement l'index. (*Pl*. XV, *fig*. 1ᵗᵉ.)

N° 2. Pliez légèrement l'index et le doigt du milieu. (*Pl*. XV, *fig*. 2.)

N° 3. Pliez légèrement l'index, le *medius* et l'annulaire. (*Pl.* XV, *fig.* 3.)

N° 4. Pliez légèrement les quatre doigts, mais en écartant le petit doigt de l'annulaire. (*Pl.* XV, *fig.* 4.)

N° 5. Pliez légèrement les quatre doigts réunis. (*Pl.* XV, *fig.* 5.)

N° I. Ployez fortement l'index, en collant les deux premières phalanges contre la paume de la main. (*Pl.* XVI, *fig.* Ire.)

N° II. Ployez fortement, *item*, l'index et le *medius*. (*Pl.* XVI, *fig.* II.)

N° III. Ployez fortement, *item*, l'index, le *medius* et l'annulaire. (*Pl.* XVI, *fig.* III.)

N° IV. Ployez fortement les trois doigts ci-dessus, et appuyez l'extrémité du petit doigt sur le second nœud de l'annulaire. (*Pl.* XVI, *fig.* IV.)

Nº V. Fermez entièrement les doigts. (*Pl.* XVI, *fig.* 5.)

OBSERVATIONS.

Il faut donc, pour chaque signe à faire, être attentif à la position de la main, à celle du pouce, et au mouvement des doigts.

EXEMPLE.

Je veux faire par signe le mot *Dieu.* Je vois dans le tableau que le *D* est dans la première position, dans les consonnes, et a le nº 3. Donc il faut mettre la main dans une position horizontale, le dessus tourné vers le ciel ; il faut coller le pouce contre l'index, et il faut plier légèrement trois doigts. La syllabe *ieu*, cherchée dans les *i*, est marquée cinquième position des *i*, nº II. Il faut donc 1º mettre la main dans la cinquième position ; 2º écarter fortement le pouce ; 3º ployer fortement deux doigts.

3

Les portions de mots étant rangées par ordre alphabétique, seront faciles à trouver, jusqu'à ce que tout le tableau soit gravé dans la mémoire.

Nota. Toutes les portions de mots qui n'ont point d'exemple ne doivent pas être apprises en ce moment, et servent rarement.

PREMIÈRE POSITION.

—

CONSONNES.

1. *B.* *Bâtir.*
2. *C.* *Cacher.*
3. *D.* *Dieu.*
4. *F.* *Feu.*
5. *G.* *Galoper.*

SUITE DE LA PREMIÈRE POSITION.

I. *H.* *Homme.*
II. *J.* *Joseph.*
III. *K.* *Keppler.*
IV. *L.* *Lyon.*
V. *M.* *Manger.*

DEUXIÈME POSITION.

—

CONSONNES.

1. *N.* *N*on.
2. *P.* *P*apa.
3. *Q.* *Q*uatre.
4. *R.* *R*ome.
5. *S.* *S*auter.

DEUXIÈME POSITION.

—

CONSONNES.

I. *T.* *T*enir.
II. *V.* *V*oir.
III. *X.* *X*ercès, roi très-riche.
IV. *Z.* *Z*éro.
V. *ET.* Dieu *et* Jésus-Christ son fils.

TROISIÈME POSITION.

—

CONSONNES.

1. *BD*.
2. *BL*. *Blesser*.
3. *BR*. *Brûler*.
4. *CH*. Un *Chat*.
5. *CHL*.

TROISIÈME POSITION

—

CONSONNES.

I. *CHR*. Jésus–*Chr*ist.
II. *CL*. *Clouer*.
III. *CR*. La *Cr*oix.
IV. *CT*.
V. *DR*. *Dr*oit.

QUATRIÈME POSITION.

—

CONSONNES.

1. *FL.* Une *Fl*eur.
2. *FR.* *Fr*otter.
3. *GL.* *Gl*isser.
4. *GN.*
5. *GR.* *Gr*and.

QUATRIÈME POSITION.

—

CONSONNES.

I. *MN.*
II. *PH.* *Ph*araon.
III. *PHL.*
IV. *PHR.*
V. *PHT.*

CINQUIÈME POSITION.

—

CONSONNES.

1. *PL.* Plier.
2. *PN.*
3. *PR.* Prier.
4. *PT.*
5. *RH.* Un Rhume.

CINQUIÈME POSITION.

—

CONSONNES.

I. *SC.* Scier.
II. *SCH.*
III. *SCR.*
IV. *SM.*
V. *SP.* Spacieux.

SIXIÈME POSITION.

—

CONSONNES.

1. *SPH. Sphère.*
2. *SPL.*
3. *SQ.*
4. *ST. Statue.*
5. *STR. Structure.*

SIXIÈME POSITION

—

CONSONNES.

I. *TH.* Du *Thé.*
II. *THL.*
III. *TL.*
IV. *TR.* Travail.
V. *VR.* Une *Vrille.*

PREMIÈRE POSITION.

—

A.

I. *A.* Papa.

2.

3.

4. *AB.* *Ab*aisser.

5. *ABD.*

PREMIÈRE POSITION.

—

A.

I. *ABL.* Table.

II. *ABR.* *Ab*ricot.

III. *ABST.*

IV. *AC.* *Ac*courir.

V. *ACH.* Vache.

DEUXIÈME POSITION.

—

A.

1. *ACL.*   Racler.
2. *ACR.*   Accrocher.
3. *ACT.*   Action.
4. *AD.*   Adorer.
5. *ADH.*

DEUXIÈME POSITION.

—

A.

I. *ADM.*   Admirer.
II. *ADR.*   Cadre.
III. *ADV.*   Adverbe.
IV. *AEL.*   Israël.
V.

TROISIEME POSITION.

—

A.

1. *AF.*   Du Café.
2. *AFL.*   La Rafle du Raisin.
3. *AFR.*   Afrique.
4. *AG.*   Agiter.
5. *AGL.*

TROISIEME POSITION.

—

A.

I. *AGN.*   Agneau.
II. *AGR.*   Chagrin.
III. *AH.*   Cahier.
IV. *AI.*   Une Maison.
V.

QUATRIEME POSITION.

—

A.

1. *AICH.* Raffraîchir.
2. *AID.* Aider.
3.
4. *AIG.* Aiguiser.
5. *AIGL.* Aigle.

QUATRIEME POSITION.

—

A.

I. *AIGN.* Châtaigne.
II. *AIGR.* Aigrette.
III. *AIL.* Bailler.
IV. *AIM.* Faim.
V. *AIN.* Pain.

CINQUIEME POSITION.

—

A.

1. *AINDR.*   Craindre.
2. *AINT.*   Saint.
3. *AIR.*   L'air.
4. *AIT.*   Il fait chaud.
5. *AITR.*   Le maître.

CINQUIEME POSITION.

—

A.

I. *AL.*   Cheval.
II. *ALP.*   Les Alpes.
III. *AM.*   Maman.
IV. *AMB.*   La jambe.
V. *AMBR.*   Chambre.

SIXIÈME POSITION.

—

A.

1. *AMP.*   Lampe.
2. *AMPH.*
3. *AMPL.* Ample.
4. *AMPR.*
5. *AN.*   Maman.

SIXIÉME POSITION.

—

A.

I.   *ANC.*   Blanc.
II.   *ANCH.* Dimanche.
III. *ANCR.* Ancre.
IV.   *ANCT.* Sanctifier.
V.   *AND.*   Demander.

SEPTIÈME POSITION.

—

A.

1. *ANDR.*   *André.*
2. *ANG.*   Sang.
3. *ANGL.*   Un *angle.*
4. *ANGR.*   Langres.
5. *ANL.*   Ébranler.

SEPTIÈME POSITION.

—

A.

I. *ANQ.*   Banquette.
II. *ANT.*   Tante.
III. *ANTR.* Chantre.
IV. *ANV.*   Anvers.
V. *ANVR.* Du chanvre.

HUITIÈME POSITION.

—

A.

1. *AP.*   Papa.
2. *APL.*   Naples.
3. *APR.*   Apre.
4. *APT.*   Baptême.
5. *AR.*   Char.

HUITIÈME POSITION.

—

A.

I.   *ARB.*   Barbe.
II. *ARBR.*   Arbre.
III. *ARC.*   Arc.
IV. *ARCH.*   Arche.
V.   *ARD.*   Lard.

NEUVIÈME POSITION.

—

A.

1. *ARG.*   Argent.
2. *ARGN.*   Épargner.
3. *ARL.*   Parler.
4. *ARM.*   Armer.
5. *ARN.*   Carnage.

NEUVIÈME POSITION.

—

A.

I. *ARP.*   Arpenter.
II. *ARQ.*   Barque.
III. *ART.*   Partir.
IV. *ASP.*   Asperge.
V. *ASQ.*   Casquette.

5

DIXIÈME POSITION.

—

A.

1. *AS TR.* Les astres.
2. *AT.* Attacher.
3. *ATR.* L'âtre de la cheminée.
4. *AV.* Laver.
5. *AU.* Des chevaux.

DIXIÈME POSITION.

—

A.

I. *AUB.* L'aubépine.
II. *AUC.* De la sauce.
III. *AUCH.* Faucher.
IV. *AUD.* Audacieux.
V. *AUDR.* Un Baudrier.

ONZIEME POSITION.

—

A.

1. *AUF.* Chauffer.
2. *AUG.* Auguste.
3. *AUGM.* Augmenter.
4. *AUL.* Les épaules.
5. *AUM* La Paume de la main.

ONZIEME POSITION.

—

A.

I. *AUN.* Une aune.
II. *AUP.* Une taupe.
III. *AUPR.*
IV. *AUR.* Le laurier.
V. *AUT.* Sauter.

DOUZIÈME POSITION.

—

A.

1. *AUTR.*   Une *autruche.*
2. *AUV.*   Sauveur.
3. *AUVR.*   Un *pauvre.*
4. *AY.*   Payer.
5. *AYEN.*

PREMIERE POSITION.

—

E.

1. *E.*
2. *É.* Aimé.
3. *ES.* Les progrès.
4.
5.

DEUXIÈME POSITION.

—

E.

1. *EAU.* De l'eau.
2. *EB.* Débarrasser.
3.
4. *EBL.* Eblouir.
5. *ÉBR.* Ebranler.

DEUXIEME POSITION.

—

E.

I. *EC.* Le bec des oiseaux.
II. *ÉCH.* Bécher.
III. *ÉCL.* Éclairer.
IV. *ÉCR.* Ecrire.
V. *ECT.* Un insecte.

TROISIÈME POSITION.

—

È

1. *ED.* Céder.

2.

3. *EDR.*

4.

5. *EF.* Effacer.

TROISIÈME POSITION

—

E.

I. *EFL.* Réfléchir.

II.

III. *EFR.* Effrayer.

IV. *EG.* S'égarer.

V. *ÈGL.* Une règle.

QUATRIÈME POSITION.

—

E.

1. *ÉGN.*   Régner.
2. *ÉGR.*   Un nègre.
3. *EI.*   La neige.
4. *EIGN.*   Peigner.
5. *EIL.*   Une bouteille.

QUATRIÈME POSITION.

—

E.

I. *EIN.*   Les veines.
II. *EINDR.*
III. *EINT.*
IV. *EINTR.*
V. *EL.*   Un melon.

CINQUIÈME POSITION.

—

E.

1. *EM.*   Semer.
2. *EMB.*   Embarrasser.
3. *EMBL.* Ressembler.
4. *EMBR.* Embrasser.
5. *EMP.*   Emporter.

CINQUIÈME POSITION.

—

E.

I. *EMPL.* Remplir.
II. *EMPR.* S'empresser.
III. *EN.*   Tenir.
IV.
V. *ENC.*   Encenser.

SIXIÈME POSITION.

—

E.

1. *ENCH.* Enchaîner.
2. *ENCL.* Enclaver.
3. *ENCR.* De l'Encre.
4. *END.* Endormir.
5. *ENDR.* Descendre,

SIXIÈME POSITION.

—

E.

I. *ENF.* L'enfer.
II. *ENFL.* Enfler.
III. *ENFR.* Enfreindre.
IV. *ENG.* Engorger.
V. *ENGL.* Engloutir.

SEPTIEME POSITION.

E.

1. *ENGR.*   *Engraisser.*
2. *ENJ.*   *Enjamber.*
3. *ENL.*   *Enlever.*
4. *ENQ.*
5. *ENR.*   *Enrichir.*

SEPTIÈME POSITION.

E.

I. *ENT.*   *Enterrer les morts.*
II. *ENTR.*   *Entrailles.*
III. *ENV.*   *Envahir.*
IV.
V.

HUITIÈME POSITION.

—

E.

1.
2.
3.
4.
5. *ÉP.* · *Épaissir.*

HUITIÈME POSITION.

—

E.

I. *ÉPH.*   Joseph.
II. *ÉPL.*   Éplucher des pois.
III. *ÉPR,*   Mépriser.
IV. *EPT.*   Sept.
V. *ÉQU.*   Évêque.

NEUVIÈME POSITION.

—

E.

1.
2. *ER.* Errer.
3. *ERB.* Herbe.
4. *ERC.* Berceau.
5. *ERCH.* Une perche.

NEUVIEME POSITION.

—

E.

I. *ERCL.* Un cercle.
II. *ERD.* Verdure.
III. *ERDR.* Perdre.
IV. *ERF* Cerf.
V. *ERG.* Asperge.

DIXIÈME POSITION.

—

E.

1. *ERL.*   Un Merle.
2. *ERM.*   Fermer.
3. *ERN.*   Éternel.
4. *ERP.*   Un serpent.
5. *ERT.*   Vert.

DIXIÈME POSITION.

—

E.

I. *ERTR.*
II. *ERV.*   Du cervelas.
III. *ESQ.*   Esquisser.
IV. *EST.*   Estomac.
V. *ÉT.*   Étable.

ONZIEME POSITION.

—

E.

1. *ET.* La tête.
2. *ÉTR.* Étrangler.
3.
4. *EV.* Un *é*ventail.
5. *ÈVR.* Les lèvres.

ONZIEME POSITION.

—

E.

I. *EU.* Le feu.
II. *EUC.*
III. *EUCH.* La sainte *E*ucharistie.
IV. *EUIL.* Une feuille.
V. *EUL.* Une meule.

DOUZIÈME POSITION.

—

E.

1. *EUM.* Nous eûmes.
2. *EUN.* Déjeûner.
3. *EUR.* Heure.
4. *EURT.* Heurter.
5. *EURTR.* Un meurtre.

DOUZIÈME POSITION.

—

E.

I. *EUT.* Une meute de chiens.
II. *EUTR.*
III. *EUV.* Un fleuve.
IV. *EUVR.* Une couleuvre.
V. *EY.*

PREMIÈRE POSITION.

—

I.

1. *I.*   fini.
2.
3. *IA.*
4. *IAB.*   Diabolique.
5. *IABL.*   Diable.

PREMIERE POSITION.

—

I.

I. *IAC.*

II. *IACR.*

III. *IAD.*

IV. *IAG.*   Mariage.

V.

DEUXIEME POSITION.

—

♭

1. *I AL.*   Filial.
2. *I AM.*   Diamant.
3. *I AN.*   Piano.
4. *I ANC.*   Alliance.
5. *I AND.*   Viande.

DEUXIEME POSITION.

—

♭

I.
II.
III. *I ARD.*
IV. *I AT.*   Adriatique.
V. *I AUX.*   Bestiaux.

TROISIEME POSITION.

L

1. *IAUL*.
2. *IB*.   Un biberon.
3. *IBL*.   La Bible.
4. *IBR*. Libre.
5. *IC*.   Trictrac.

TROISIEME POSITION.

L

I.   *ICH*. Biche.
II. *ICL*. Bésicles.
III. *ICR*. Microscope.
IV. *ICT*. Dicter.
V.   *ID*.   Décider.

QUATRIEME POSITION.

—

I.

1. *IDR.* Cidre.
2.
3. *IÈC.* Nièce.
4. *IECL.* Siècle.
5. *IED.* Pied.

QUATRIEME POSITION.

—

I.

I. *IEF.* Relief.
II. *IÉG.* Liége.
III. *IEGL.*
IV. *IEL.* Ciel.
V. *IÈM.* Deuxième.

CINQUIEME POSITION.

—

I.

1. *IEN.*   Un chien.
2. *IENC.*   La science.
3.
4.
5. *IET.*   Miette.

CINQUIEME POSITION.

—

I.

I. *IEVR.*   Lièvre.
II. *IEU.*   Dieu.
III. *IEUR.*   Monsieur.
IV. *IJ.*
V. *IF.*   Biffer.

SIXIEME POSITION.

—

I.

1. *IFL.* Siflet.
2. *IFR.* Un chiffre.
3. *IG.* Un pigeon.
4. *IGN.* Une ligne.
5. *IGR.* Le tigre.

SIXIEME POSITION.

—

I.

I. *IL.* Une chenille.
II. *IM.* Animal.
III. *IMB.* Imbiber.
IV. *IMBR.* Timbre.
V. *IMP.* Imposition.

SEPTIEME POSITION.

—

I.

1. *IMPL.*   *Implorer.*
2. *IMPR.*   *Imprimer.*
3. *IN.*   Dîner.
4. *INC.*   Pincer.
5. *INCL.*   *Incliner.*

SEPTIEME POSITION.

—

I.

I.   *INCR.*   *Incrédule.*
II.   *IND.*   *Indiquer.*
III.   *INDR.*   Cylindre.
IV.   *INF.*   *Infirme.*
V.   *INFL.*   Inflammable.

HUITIEME POSITION.

—

I.

1. *INFR.*
2. *ING.* Singe.
3. *INGL.* Épingle.
4. *INGR.* Ingrat.
5. *INJ.*

HUITIEME POSITION.

—

I.

I. *INL.*
II. *INQ.* Cinq.
III. *INR.* Ils vinrent.
IV. *INSCR.*
V. *INSP.* Inspecter.

NEUVIÈME POSITION.

—

I.

1. *INST.* Un *Instant.*
2. *INSTR.* *Instruire.*
3. *INT.* *Intact.*
4. *INTR.* *Intrépide.*
5. *INV.* *Invisible.*

NEUVIEME POSITION.

—

I.

I. *INVR.*
II.
III. *IOCH.* Une Pioche.
IV. *IOD.*
V.

8

DIXIÈME POSITION.

—

I.

1.
2. *IOL.*   Une Fiole.
3. *IOM.*
4. *ION.*   Un Lion.
5. *IP.*   Philippe.

DIXIÈME POSITION.

—

I.

I.   *IPL.*   Disciple.
II. *IPT.*
III. *IQU.*   Piquer.
IV. *IR.*   Dormir.
V.   *IRM.*   Firmament.

ONZIEME POSITION.

—

I.

1.

2.

3. *ISC.*   Une Fiscèle.

4. *ISL.*   *Islande.*

5. *ISM.*   Catéchisme.

ONZIEME POSITION.

—

I.

I. *ISP.*   Dispute.

II. *ISPR.*

III. *ISQU.*   Risquer.

IV. *ISR.*   *Israël.*

V. *IST.*   N. S. J. Christ.

DOUZIÈME POSITION.

—

I.

1. *ISTHM.* Isthme.
2. *ISTR.* Distraire.
3. *IT.* Inviter.
4. *ITR.* Des vîtres.
5. *INH.*

DOUZIÈME POSITION.

—

I.

I. *IV.* Civilité.
II. *IVR.* Ivresse.
III. *IUR.*
IV. *IURN.*
V.

PREMIÈRE POSITION.

—

O.

1. *O.*   **Brosser**
2.
3.
4. *OB.*
5. *OBL.*

PREMIERE POSITION.

—

O.

I. *OBR.*   Sobre.
II. *OBSC.*   Obscurcir.
III. *OBST.*   S'obstiner.
IV. *OBSTR.*
V. *OBT.*

DEUXIÈME POSITION.

O.

1. *OBV.*
2. *OC.*   Occident.
3. *OCH.*   Clocher.
4. *OCL.*
5. *OCR.*

DEUXIÈME POSITION.

O.

I. *OCT.*   Octobre.
II. *OCTR.*   Octroi.
III. *OD.*   Hérode.
IV.
V. *ŒIL.*   L'œil.

TROISIEME POSITION.

—

O.

1. *ŒL.*   Noël.
2. *ŒUF.*   *Œuf.*
3. *ŒUR.*   Sœur.
4. *ŒUVR.* *Œuvre.*
5. *OF.*   Offenser.

TROISIEME POSITION.

—

O.

I.   *OPH.*   Un prophète.
II. *OFFR.* *Offrir.*
III. *OG.*   Dogue.
IV. *OGN.*   Rogner.
V.   *OI.*   Le Roi.

QUATRIEME POSITION.

—

O.

1. *OIBL.* — Foible.
2. *OID.* — Le froid.
3. *OIF.* — La soif.
4. *OIGN.* — Soigner.
5. *OIGT.* — Un doigt.

QUATRIEME POSITION.

—

O.

I. *OIL.* — Le poil.
II. *OIN.* — Du foin.
III. *OINDR.* — Oindre.
IV. *OING.* — Un coing.
V. *OINT.* — Pointer.

CINQUIÈME POSITION.

—

O.

1. *OIR.*   Boire.
2. *OIT.*   Le toit.
3. *OITR.*   Connoître.
4. *OIV.*   Ils boivent.
5. *OIVR.*   Poivre.

CINQUIÈME POSITION.

—

O.

I.   *OL.*   Folâtrer.
II.   *OM.*   Homme.
III. *OMB.*   Tomber.
IV.   *OMBL.*   Londre.
V.   *OMBR.*   De l'ombrage.

9

SIXIÈME POSITION.

—

O.

1. *OMP.* Pomper.
2. *OMPL.* Complimenter.
3. *OMPR.* Rompre.
4. *OMPT.* Compter.
5. *ON.* Bon.

SIXIÈME POSITION.

—

O.

I. *ONC.* Enfoncer.
II. *ONCL.* Ton Oncle.
III. *OND.* Fonder.
IV. *ONDR.* Londres.
V. *ONF.* Des confitures.

SEPTIEME POSITION.

—

O.

1. *ONG.* Ronger.
2. *ONGL.* Les ongles.
3. *ONGR.* La hongrie.
4. *ONT.* La honte.
5. *ONTR.* Une montre.

SEPTIÈME POSITION.

—

O.

I. *ONV.* Convertir.
II. *OP.* Opposer.
III. *OPR.* Propre.
IV. *OQU.* Se moquer.
V. *OR.* De l'or.

HUITIÉME POSITION.

—

O.

1. *ORB.*   Corbeille.
2. *ORC.*   Morceau.
3. *ORCH.*   Torchon.
4. *ORD.*   Ordure.
5. *ORDR.*   Mordre.

HUITIÈME POSITION.

—

O.

I. *ORG.*   Forger.
II. *ORM.*   Un ormé.
III. *ORN.*   Des cornes.
IV. *ORP.*   Le corps.
V. *ORT.*   La mort.

NEUVIEME POSITION.

—.

O.

1. *OT.* Frotter.
2. *OTR.* Apôtre.
3. *OU.* Un chou.
4. *OUBL.* Oublier.
5. *OUC.* Le pouce.

NEUVIEME POSITION.

—.

O.

I. *OUCH.* Se moucher.
II. *OUCL.* Une boucle.
III. *OUD.* Bouder.
IV. *OUDR.* Coudre.
V. *OUF.* Étouffer.

DIXIEME POSITION.

O.

1. *OUEN.*
2. *OUET.* Fouetter.
3. *OUFL.* Soufler.
4. *OUFR.* Soufre.
5. *OUG.* Rougir.

DIXIEME POSITION.

O.

I. *OUHAIT.* Souhaiter.
II. *OUI.* Oui.
III. *OUIL.* Mouiller.
IV. *OUIR.* Enfouir.
V. *OUL.* Rouler.

ONZIEME POSITION.

—

O.

1. *OUP.*   Soupe.
2. *OUR.*   Courir.
3. *OURB.*   Embourber.
4. *OURC.*   Une source.
5. *OURCH.*   Une fourche.

ONZIEME POSITION.

—

O.

I. *OURD.*   Sourd.
II. *OURG.*   Une Courge.
III. *OURL.*   Ourler.
IV. *OURM.*   Gourmand.
V. *OURN.*   Tourner.

DOUZIEME POSITION.

—

O.

1. *OUT.*   Une croute.
2. *OUTR.*   Une poutre.
3. *OUV.*   Couvent.
4. *OUVR.*   Ouvrier.
5. *OY.*   Noyer.

DOUZIEME POSITION.

—

O.

I.   *OYAL.*   Royal.
II.   *OYAU.*   Un noyau.
III.   *OYEN.*   Le doyen.
IV.
V.

PREMIÈRE POSITION.

—

U.

1. U.   Une fusée.
2.
3. *UA.*
4. *UABL.*
5. *UAD.* Persuader.

PREMIÈRE POSITION.

—

U.

I.
II. *UAG.*   Nuage.
III.
IV. *UAIR.*
V.

10

DEUXIEME POSITION.

—

U.

1. *UAM.*
2.
3.
4.
5.

DEUXIÈME POSITION.

—

U.

I. *UAT.* Une insinuation.
II.
III. *UAV.*
IV. *UB.* Danube.
V. *UBL.* Public.

TROISIEME POSITION.

—

U.

1. *UC.* Sucer.
2. *UCH.* Des *ruches* à miel.
3. *UCR.* Sucre.
4. *UCT.* Fructifier.
5. *UD.* Rudoyer.

TROISIEME POSITION.

—

U.

I.			.I
II.	*UEIL.*	Orgueil.	.II
III.	*UEL.*	Des *écuelles*.	.III
IV.	*UELQU.*	Quelqu'un.	.VI
V.	*UANC.*		.V

QUATRIEME POSITION.

—

U.

1.
2.
3.
4.
5. *UET.*

QUATRIEME POSITION.

—

U.

I.
II.
III.
IV. *UEUR.* **Sueur.**
V. *UF.* **Buffet.**

CINQUIEME POSITION.

—

U.

1. *UFL.* Bufle.
2. *UFR.*
3. *UG.* Mugir.
4. *UGL.*
5. *UGN.* Répugnance.

CINQUIEME POSITION.

—

U.

I. *UI.* De la Suie.
II.
III. *UICH.* Guichet.
IV. *UID.* Vuider.
V.

SIXIÈME POSITION.

—

U.

1. *UIF.* Un Juif.
2. *UIL.* De l'huile.
3.
4.
5. *UIN.* Ruiner.

SIXIÈME POSITION.

—

U.

I.
II.
III. *UINZ.* Quinze.
IV. *UINQU.* Quinquet.
V. *UIR.* Détruire.

SEPTIÈME POSITION.

—

U.

1. *UIT.*   Du bruit.
2. *UITR.*   Des huîtres.
3. *UIV.*   Une Juive.
4. *UIVR.*   Du cuivre.
5. *UJ.*

SEPTIÈME POSITION.

—

U.

I. *UL.*   Mulet.
II.
III. *ULB.*
IV. *ULC.*   Des ulcères.
V. *ULF.*

HUITIÈME POSITION.

—

U.

1. *ULG.*
2.
3. *ULM.*
4. *ULP.*
5. *ULPT.* Un sculpteur.

HUITIÈME POSITION.

—

U.

I. *ULQU.*
II. *ULT.* Ultérieur.
III. *ULTR.*
IV. *UM.* De la fumée..
V.

NEUVIEME POSITION.

—

U.

1. *UMBL.*   Humble.
2. *UN.*   Une.
3.
4. *UOIQU.* Quoique.
5.

NEUVIEME POSITION.

—

U.

I.
II. *UOR.*
III.
IV. *UP.*   Un pupitre.
V. *UPL.*

11

DIXIEME POSITION.

—

U.

1. *UPR.*
2. *UQU.* **Perruque.**
3. *UR.* **Un bureau.**
4. *URC.* **Un turc.**
5. *URG.* **Purger.**

DIXIEME POSITION.

—

U.

I. *URL.* **Hurler.**
II. *URN.* **Une urne.**
III. *URP.* **Surpasser.**
IV. *USQU.* **Jusque.**
V. *UST.* **Auguste.**

ONZIEME POSITION.

—

U.

1. *US.TR.* Lustre.
2. *UT.* Une hutte.
3. *UTR.* Putride.
4. *UV.* Une cuve.
5. *UY.*

ONZIEME POSITION.

—

U.

I.
II.
III.
IV. *UYAU.* Un tuyau.
V.

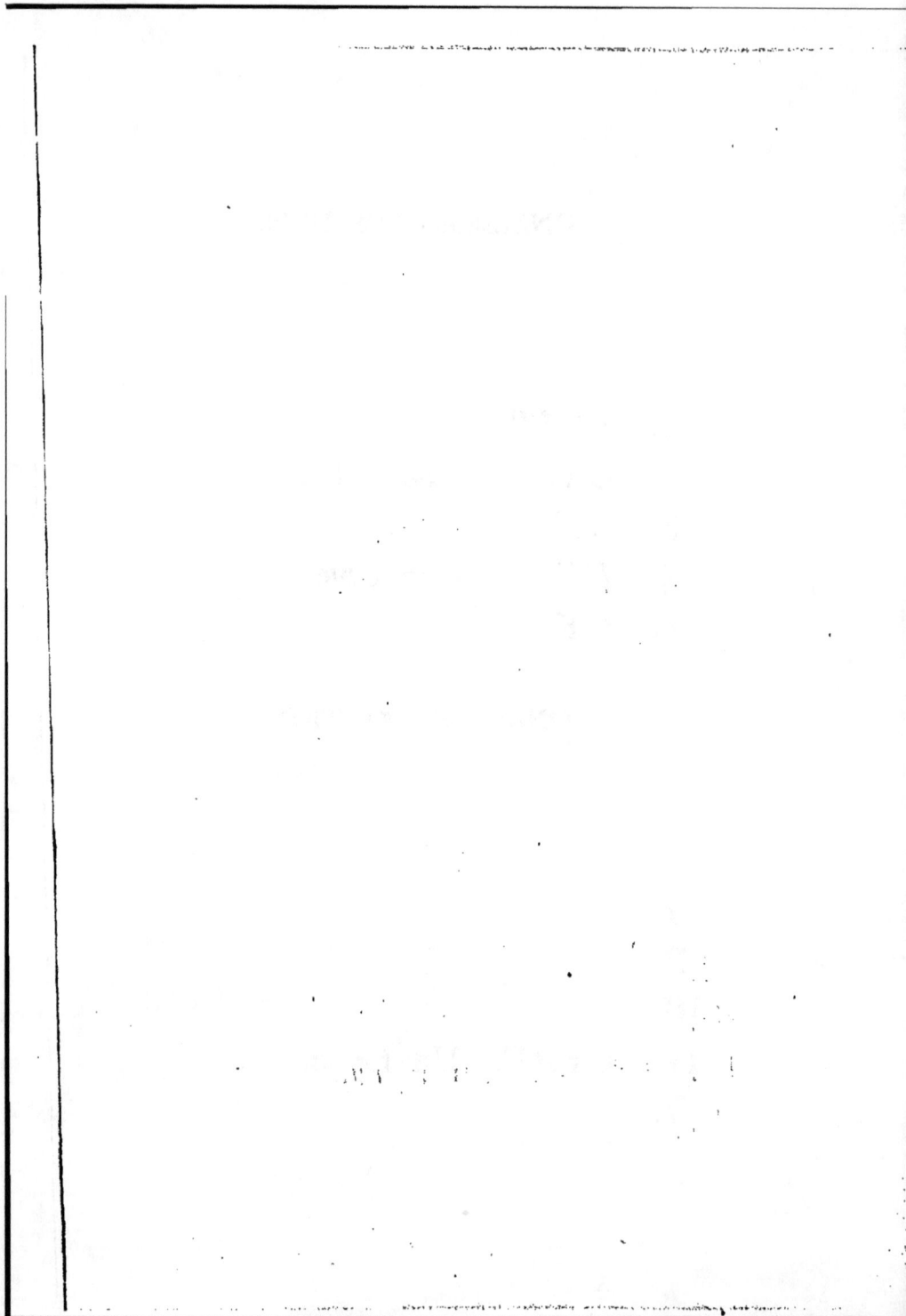

PREMIÈRE POSITION.

—

Y.

1. *Y.*   Le lys.
2. *YR.*   La ville de Tyr.
3. *YST.* Un mystère.

NOTA.

Ce tableau était autrefois beaucoup plus considérable. L'usage a appris qu'ils était à propos d'en retrancher plusieurs syllabes qui reviennent rarement, ou qui se font plus commodément par le moyen du supplément dont il sera parlé ci-après. Il semble qu'alors il eût été convenable de resserrer d'autant celles qu'on laissait subsister, afin qu'il n'y eût pas de vides. Mais en livrant ce tableau à l'impression, on croyait s'en servir sur-le-champ pour l'Ecole des Sourd-Muets de Paris, et on ne pouvait changer l'ordre auquel on était accoutumé. Ces vides d'ailleurs ne présentent aucun inconvénient réel et important.

SUPPLÉMENT

Des signes pour ajouter quelques syllabes ou lettres.

Il y a des lettres et syllabes qui reviennent si fréquemment après nos portions de mots, qu'on alongerait beaucoup la conversation, s'il fallait en faire le signe particulier toutes les fois qu'elles se représentent. Nous avons donc des petits mouvemens des doigts et du poignet pour les ajouter au besoin.

Un principe général de ces signes supplémentaires, c'est que pour les faire, il ne faut point changer la position dans laquelle se trouve la main, au moment où vous voulez ajouter une de ces lettres ou syllabes.

Par le moyen de ces signes, nous ajoutons au besoin à nos portions de mots, a, é, i, o, u, ai, eu, oi, ou, ul, œ, oit, e muet, ent, z, s, on, ant, er, nous indiquons qu'il y a dans la syllabe une consonne redoublée. Nous ajoutons encore at, am, oir, ont, et est. Voilà en tout vingt-cinq signes supplémentaires. Ceci paraît une complication de la méthode, mais nous pouvons assurer au contraire, d'après notre expérience, que c'est une grande simplification et un moyen de converser avec bien plus de rapidité. En décrivant ces différens signes, nous serons forcés quelquefois de nous exprimer un peu longuement, tandis qu'on les saisit au premier coup-d'œil. Commençons par les plus aisés.

1° On ajoute *a*, en remuant le pouce.

2° *é* fermé, en remuant l'index.

3° *i*, en remuant le médius.

4° *o*, en remuant l'annulaire.

5° *u*, en remuant le petit doigt.

(*Nota.* Les personnes qui éprouveront quelque difficulté à remuer ainsi l'annulaire ou le petit doigt, feront l'o et l'*u* comme il est indiqué au tableau.)

6° *ai*, en remuant tous les doigts.

7° *eu*, en formant une espèce de cercle avec le pouce et l'*index*.

8°. *oi*, un cercle avec le pouce et le doigt du milieu.

9°. *ou*, un cercle avec le pouce et l'annulaire.

10°. *ui*, un cercle avec le pouce et le petit doigt.

11°. *x*, en croisant le doigt du milieu sur l'index.

12°. *oit*, en croisant l'index sur le pouce.

13° *e* muet, par un coup de poignet qui rapproche les doigts et la paume de la main de la partie interne du bras.

14°. *ent*, mouvement opposé au précédent.

15°. *z*, dans quelque position que soit la main, on la pousse en avant.

16°. *s*, mouvement opposé, c'est-à-dire qu'il faut retirer le bras comme s'il rentrait sur lui-même.

17°. *ant*, pour bien entendre ce signe supplémentaire ainsi que le suivant, supposons que la main soit dans la première position; on imprime au poignet un petit mouvement de rotation, qui tend à abaisser le *pouce* et à relever le petit doigt. On comprendra par là ce mouvement pour les autres positions.

18°. *on*, rotation du poignet inverse de la précédente, en sorte que dans la première position, par exemple, le petit doigt s'abaisse par ce mouvement, et le pouce se relève.

19°. *er*, mouvement du poignet qui tend à rapprocher le petit doigt de l'angle saillant du coude.

20°. Pour indiquer qu'il y a une consonne redoublée, un *u*, après un *q*, ou après un *g*; mouvement du poignet opposé au précédent, c'est-à-dire qui éloigne le petit doigt de l'angle extérieur du coude, et qui approche le pouce de l'angle interne, du côté de la saignée par conséquent.

21°. On ajoutera *at*, en formant comme une pyramide ou une poire par la réunion des quatre doigts et du pouce allongés.

22°. *am*, les trois plus grands doigts allongés de même et réunis avec le pouce.

23°. *oir*, les quatre doigts courbés en rond et réunis contre le pouce plié de la même manière.

24°. *ont*, les trois grands doigts courbés de même et réunis contre le pouce ainsi courbé.

25°. *est*, tous les doigts et le pouce droits, et collés les uns contre les autres.

12

Nous donnerons une idée de l'utilité de ces signes supplémentaires, en disant que par leur moyen avec le radical *aim*, c'est-à-dire un seul signe du tableau, nous faisons cent quarante mots; savoir : en y ajoutant au besoin les auxiliaires *être* et *avoir*, dans lesquels ces supplémens jouent encore un grand rôle, les trois personnes au singulier et au pluriel de tous les temps et de tous les modes des deux verbes *aimer* et *aimanter*. On peut juger par là combien ces signes abrègent nos entretiens, car ces mouvemens des doigts et du poignet se font en un instant; et comme ils reviennent continuellement, ils ne demandent ni pour les faire, ni pour les lire, aucun effort de mémoire.

Du Plan d'Instruction qui paraîtrait le plus convenable pour l'éducation des Sourds-Muets , en employant notre Alphabet Syllabaire.

La plupart des Sourds-Muets appartiennent à des classes peu fortunées. Il faut, non pas en faire des savans, mais les instruire de ce qui leur est absolument nécessaire ; sauf à développer davantage cette instruction, pour ceux que leurs talens ou leur naissance rendraient capables de recevoir de plus amples connaissances.

Il paraît qu'on réussit par-tout également bien pour la Calligraphie, le dessin et les arts manuels. Nous ne parlerons donc ici que de ce qui concerne le domaine de l'intelligence.

Il faut 1°. communiquer avec eux , et pour cela leur apprendre notre langue.

2°. Les instruire solidement de la Religion.

3°. Leur donner quelques notions de géographie.

4°. Leur montrer les élémens des mathématiques.

5°. On peut ajouter ceux de la grammaire.

6°. Et enfin leur tracer les principaux traits de l'histoire ancienne et moderne.

1°. Pour communiquer avec eux, et leur apprendre notre langue , on commencerait, comme M. Sicard , en laissant toutefois les dessins qui ne sont pas nécessaires. On écrirait donc sur le tableau, les noms du maître , des écoliers, des

parties du corps, de celles de l'habillement, des meubles de
la chambre, enfin de tous les objets qu'on peut montrer,
ou au moins exprimer par une pantomime facile à saisir.
Il faudra à mesure faire aux Sourds-Muets les signes manuels
de chaque nom, de manière qu'ils leur deviennent aussi fa-
miliers que les caractères même de l'écriture, et qu'ils soient
à leurs yeux une seconde représentation de l'objet. Et ceci
soit dit une fois pour toutes. On n'écrira jamais rien sur
le tableau, sans en faire en même temps les signes syllabaires, et on aura soin de les faire exécuter par les élèves
eux-mêmes, aussitôt que la chose sera possible. Ils s'y ap-
pliqueront avec autant d'intérêt qu'à l'imitation même des
caractères, qu'ils cherchent à retracer dès le second ou le
troisième jour. Ils apprendront donc ainsi par l'usage notre
langue manuelle, et elle n'aura de difficultés que pour le
maître. Mais quel homme raisonnable, ne retiendra pas dans
sa mémoire, quand il le voudra, un tableau de cinq cents
syllabes rangées par ordre alphabétique; ne s'habituera pas
à des signes, dont la clef peut s'expliquer en moins d'une
heure, et qui au fond, ne sont que dix mouvemens de doigts
toujours les mêmes? Pour en faciliter l'usage dans les commencemens, ou pourrait avoir dans la classe ce tableau
même collé sur toile, comme une carte de géographie de
quatre pieds de longueur et d'une largeur proportionnée.
On écrirait dans une première colonne les consonnes. Il y
en aurait deux qui n'en feraient qu'une, pour les syllabes
commençant par a, et ainsi des autres. On aurait soin de
ne pas oublier d'indiquer les positions, et dans chacune les
mouvemens des doigts, par les chiffres arabes et romains.

Par ce moyen on verrait d'un coup d'œil, quel est le signe
à faire pour une portion de mots qu'on veut écrire devant
les yeux. Si les élèves ont chez eux ce tableau imprimé, il
faudra, dès qu'ils pourront s'y reconnaître, et qu'il sauront
un peu écrire, leur dicter à chaque classe, dix, vingt, trente
mots, dont ils seront obligés de vous faire les signes à la
classe suivante. On aura soin de choisir des mots déja connus. Pour abréger, le maître écrira d'avance ces mots sur le
tableau, et chaque élève sera obligé d'en tirer copie en ar-
rivant. Cette opération se faisant par tous simultanément,
ne prendra pas cinq minutes.

Revenons aux premières notions qu'il faut leur donner, après
celles des objets qui sont toujours sous leurs yeux dans la classe
même. Il serait intéressant de pouvoir leur montrer successivement des gravures de quadrupèdes, d'oiseaux, de reptiles,
d'insectes les plus communs; d'apporter dans la classe, un
jour des feuilles ou fleurs des plantes les plus usuelles et les
plus connues, une autre fois des échantillons de chacun des
métaux etc., afin de pouvoir en écrire le nom et en faire
le signe. Quand ils sauront notre alphabet, on perfectionnera
rapidement cette nomenclature dans les promenades, en leur
disant sur - le - champ les noms de beaucoup d'objets in-
connus jusques-là, et qu'on peut rencontrer fortuitement ou
à dessein. Mais il serait à propos de donner d'abord en classe,
autant que cela sera possible, les premières notions d'un
grand nombre de choses. Il ne faut pas oublier de faire pré-
céder ces noms de l'article qui convient, comme on le fait
toujours en parlant. Car il ne faut jamais s'écarter de l'usage.

Quand il sera question de faire la première phrase; si vous

voulez commencer par les couleurs, mettez-en plusieurs sous les yeux des élèves, écrivez-en les noms ; ensuite : *le chapeau est noir* ; *le mouchoir est blanc* ; *l'habit d'un tel est bleu* ; etc. Voilà les premières phrases faites sans aucune difficulté, et sans qu'il soit nécessaire, comme on se l'imagine, d'expliquer le verbe *être*, etc. etc. Dites encore si vous le jugez à propos ; *le sucre est doux* ; *le vinaigre est acide* ; *le vin est agréable* ; *le pain est tendre* ou *dur* ; et tous les exemples de ce genre que vous imaginerez, et que vous pourrez faire comprendre. Profitez habilement de toutes les circonstances ; et faites-en naître pour donner des idées nouvelles et en tracer les caractères par écrit et en langue manuelle. Un élève s'applique beaucoup à la leçon ; on écrit : *un tel est attentif* ; *un autre ne travaille pas* ; *un tel est paresseux* ; un d'eux casse sa craie à chaque instant, la laisse tomber ; *un tel est maladroit* ; etc. etc., faisant ainsi passer en revue toutes les qualités physiques et morales, qu'on peut faire comprendre par des exemples.

Ce que nous disons ici, est su et pratiqué sans doute dans toutes les institutions de Sourds-Muets, avec plus ou moins de perfection, suivant les talens de chaque maître. Mais une chose essentielle, sur laquelle nous insistons beaucoup, et qui est comme un des fondemens de notre méthode ; c'est qu'il faut retrancher *toutes les explications grammaticales, toutes les analyses de phrases,* qui dans ces commencemens, retardent singulièrement la marche des élèves. C'est une erreur et une erreur grave, de s'imaginer que l'esprit des Sourds-Muets est différent de celui des autres hommes ; qu'ils n'apprendront pas à huit ou dix ans par les yeux, ce

qu'un enfant de deux ans apprend par les oreilles, c'est-à-
dire par la simple habitude d'entendre et de répéter. Si on
a remarqué dans leurs expressions des tournures singulières;
c'est une suite du peu d'usage qu'on leur a donné de la langue maternelle; c'est une suite de cette manie, de ne faire
un pas avec eux qu'à l'aide de l'analyse grammaticale. La
seule chose qui soit véritablement propre aux Sourds-Muets,
ce sont les Ellipses. Ils cherchent toujours à abréger l'expression de leur pensée ; et c'est un besoin pour eux, parce qu'il est plus long d'écrire que de parler. Après les premières phrases que nous venons d'indiquer; et simultanément même, on passe aux verbes d'action, *marcher, courir,
sauter; dormir;* etc., et tous ceux qu'on peut faire comprendre facilement. On donne, toujours par des exemples, l'idée
des trois personnes des verbes, au singulier et au pluriel;
idem du présent, passé et futur, sans entrer pour le moment dans la distinction des modes.

On n'attendra pas qu'on ait épuisé tous les exercices que
nous venons d'indiquer, pour transmettre l'idée de Dieu, qui
a fait le soleil, la lune, les étoiles, l'homme qui est sur la
terre, etc, et pour apprendre aux élèves les trois grands
mystères de la religion; la Trinité, l'Incarnation et la Ré-
demption. On me dira, ils n'y comprendront rien. Mais
comprenons-nous nous-mêmes l'essence et la nature de Dieu,
comment un seul Dieu peut subsister en trois personnes distinctes? Comprenons-nous la filiation éternelle du verbe, la
procession du Saint-Esprit, la communication du péché ori-
ginel et tant d'autres mystères? Donnons donc ces connaissances très-imparfaites d'abord, dès qu'on peut seulement

nous entendre, afin de sanctifier, si nous pouvons nous exprimer ainsi, l'exercice des yeux, comme une mère chrétienne sanctifie la langue de son enfant, en lui faisant prononcer le nom de Jésus, dès qu'il commence à balbutier.
Nous chercherons ensuite à rendre ces idées plus distinctes,
en revenant à plusieurs reprises sur ces fondemens de la religion, à mesure que l'intelligence se développera. Que dès
lors, la classe commence et finisse par une courte prière,
la plus simple possible; non figurée par gestes, mais écrite
en gros caractères, que le maître suivra avec une baguette
afin de les faire lire à tous les élèves à genoux. Il l'expliquera pendant plusieurs classes de suite, et quand elle sera
comprise on se contentera de la lecture.

Nous n'entrerons pas dans le détail des moyens à employer, pour donner l'idée des différentes parties de la phrase
dont nous n'avons pas encore parlé; des pronoms posses-
sifs, démonstratifs, interrogatifs, relatifs, etc., des conjonc-
tions, des prépositions, etc. etc. Nous dirons seulement, que
tout cela doit s'apprendre par des exemples, à l'occasion
desquels on écrit sur-le-champ l'expression française, et on
la dicte par nos signes manuels; employant seulement ces
derniers, quand on en aura l'habitude, ce qui accélérera
singulièrement l'avancement des élèves. On leur dictera ainsi
cinquante mots, pendant le temps qu'on mettra à en écrire
cinq ou six. Mais pour s'en tenir à ce moyen, il faut être
assuré, qu'ils lisent bien ce que vous écrivez ainsi devant
leurs yeux. Il ne faudra même jamais abandonner entièrement l'écriture, mais y revenir de temps en temps en leur
dictant avec les signes manuels.

Un maître intelligent, et qui a véritablement à cœur l'a-
vancement de ses élèves, trouve à chaque instant mille occasions de faire revenir des exemples propres à expliquer
l'instruction qu'il veut donner. Il y réfléchira avant sa classe;
il y mettra même de l'ordre, afin de compenser ainsi le dé-
faut de cette continuité de l'usage, qu'il nous est impossible
d'établir entièrement. Nous sommes loin de lui interdire le
secours d'une grammaire, dont nous désirons si ardemment,
qu'il ne parle point du tout à ses élèves dans les commencemens et pendant long-temps. Il peut donc, et il fera très-
bien de se dire à soi-même : *Aujourd'hui je donnerai des
exemples en grand nombre de telle partie du discours, demain
de telle autre*, et ainsi de suite. Cet ordre qu'il se prescri-
rait, ne l'empêcherait pas de saisir les occasions qui se pré-
senteraient, d'apprendre d'autres choses. Cette espèce d'in-
terruption du plan qu'il s'est proposé, jetterait de la variété dans les exercices, les rendrait plus agréables, et ren-
trerait toujours dans l'idée fondamentale de cette méthode,
qui est d'instruire par l'usage autant qu'on pourra.

Il ne faut pas négliger d'exercer les élèves eux-mêmes
sur chaque chose qu'on veut leur apprendre; de les habituer,
non-seulement à répondre exactement aux questions qu'on
leur adresse, mais encore à en faire de leur côté par nos
signes manuels. *Qu'est-ce que cela? D'où vient monsieur? Pourquoi
faites-vous cette chose?* etc., afin de les accoutumer à s'exprimer en français de toutes manières.

Soyons bien convaincus, qu'on ne sait pas véritablement
ce qu'on ne peut pas rendre d'une manière claire et nette;
qu'un signe de tête par lequel un Sourd-Muet marque son

13

adhésion, n'est point du tout une preuve qu'il vous ait compris ; et qu'il faut , si ce n'est toujours , au moins souvent exiger de lui, qu'il répète par écrit ou par notre langue manuelle, et la question et la réponse qu'il convient d'y faire. Si , en s'exprimant exactement d'ailleurs , il emploie d'autres mots ou une autre tournure que la vôtre, ce sera une preuve de plus que vous avez été bien entendu.

Étude de la Religion.

Je reviens à la Religion. Après qu'on en aura appris en abrégé les principaux mystères, la meilleure méthode pour la faire connaître d'une manière qui intéresse, c'est d'en tracer l'histoire ; et nous avons à cet égard un excellent modèle dans le Cathéchisme Historique de Fleury. On abrégera d'abord beaucoup, et on ne montrera que les grands et principaux traits du tableau; la création , la chûte de l'Homme et la promesse du Rédempteur, le déluge, la tour de Babel, les commencemens du peuple juif et sa sortie merveilleuse de l'Égypte, David, Salomon, la captivité de Babylone, les Machabées ; enfin la venue du Messie et ses principaux mystères suivis de la descente du Saint-Esprit et de la formation de l'Église. On revient à différentes reprises sur cette première ébauche; et chaque fois on renforce les coups de pinceau, on ajoute de nouveaux traits, on entre dans de plus grands détails. Ainsi, on insistera par suite sur le péché de nos premiers parens ; péché d'autant plus grand, que le précepte était plus facile à observer, et que la

distance est sans mesure, entre un ver de terre, qui se révolte
contre son Dieu, et le Créateur qui est offensé ; sur
la transmission de ce péché à tous les enfans d'Adam ;
transmission inexplicable à nos faibles esprits, qui ne peuvent pas plus rendre compte néanmoins d'un grand nombre de faits, ou physiques ou appartenant à la nature même
de l'homme; sur la condamnation qui a suivi ce péché,
et dont on développera les terribles effets pour l'âme et
pour le corps; sur la promesse de la race bénie, qui devait
un jour écraser la tête du serpent infernal. On montrera
ensuite ce rédempteur, figuré par Abel et par tous les pa-
triarches, qui en étaient sans cesse occupés, dépeint dans
tous les sacrifices , dans tous les événemens de l'histoire du
peuple juif, annoncé par tous les prophètes ; et chaque
circonstance de sa vie prédite dans le plus grand détail,
par ces hommes divins dont le monde n'était pas digne ; et
qui avançaient autant qu'il était en eux par leurs soupirs et
leurs ardentes prières, l'heureuse époque de la délivrance
du genre humain.

En parlant de Moyse, on fera remarquer avec attention
ses miracles sans nombre, premier fondement de la révé-
lation; ensuite ceux qui se sont succédés presque sans in-
terruption dans toute l'histoire du peuple de Dieu. On montrera combien ces faits sont certains, les écritures qui les
renferment, nous étant transmises par un peuple, qui les
garde encore religieusement, et que cependant elle condam-
nent à chaque pas.

Arrivé au Nouveau Testament, le maître exposera en détail la naissance, la vie, et tous les mystères de Notre Sei-

gneur Jésus-Christ. Dans ce siècle d'incrédulité, il appuiera encore d'une manière forte, sur les miracles de notre sauveur, avoués des payens même, et des ennemis les plus ardens du christianisme; particulièrement sur celui de sa résurrection, qui est le complément, comme le plus grand et le plus incontestable de tous ses prodiges.

Après le récit de la descente du Saint-Esprit, de la formation de l'Eglise, des travaux des apôtres ses fondateurs; c'est le cas de développer les parties de la doctrine évangélique qui n'ont pas été expliquées encore avec étendue. Et d'abord, ce que c'est que cette société établie par Jésus-Christ, son autorité et tous ses différens caractères; les promesses qui lui sont faites; la communication des biens spirituels entre tous ses membres qui combattent sur la terre, comme entre les saints qui triomphent dans le ciel, et les justes qui souffrent dans le purgatoire; les sacremens sources de la grâce; la prière par laquelle nous pouvons tout obtenir; lorsque nous sommes bien convaincus de ces deux vérités qui sont la base de la religion, la faiblesse et la corruption de l'homme d'une part; de l'autre, la bonté et la puissance de notre Sauveur, seul médiateur entre le ciel et la terre; et ces préceptes divins, qui renferment en dix paroles, tout ce que l'homme a de devoirs à remplir envers Dieu, envers soi-même, et envers ses semblables.

Dans un cours plus avancé encore, on tracera l'histoire de l'Eglise; ses combats pendant trois siècles contre l'idolatrie armée de toutes la puissance des empereurs; et comment le sang des martyrs, était une semence féconde et perpétuelle de nouveaux chrétiens.

On montrera, sous Constantin, la foi triomphant de ces maîtres superbes du monde, et la croix arborée sur leurs étendards, devenir le plus bel ornement de leur couronne.

Bientôt après nous verrons des relâchemens s'introduire parmi ces chrétiens, qui n'étaient plus exposés à mourir chaque jour pour le nom de Jésus-Christ; l'œuvre des solitaires commencer, pour ceux qui craignaient de dégénérer de la première ferveur ; de saints monastères , ouvrir de tous côtés à l'innocence et au repentir des asiles, qui ont subsisté jusques dans ces jours malheureux, que nous avons vus , et auxquels il était réservé de tout détruire, sous prétexte de tout réparer.

On fera voir ensuite les vents impétueux des hérésies qui, soufflant de toutes parts, agitent d'une manière affreuse le vaisseau de l'Eglise; chaque point de sa foi nié pour ainsi dire successivement; mais afin de donner lieu à ses conciles et à ses pères, de les établir tous plus clairement; afin de faire éclater davantage la force de son autorité, et le privilège auguste dont elle est revêtue, d'être à jamais inébranlable à tous les efforts de l'enfer.

Faut-il, hélas ! qu'il nous soit permis de le dire en passant, faut-il que nous soyons arrivés à un siècle, où l'impiété veut tout renverser à-la-fois, où on ose nier Jésus-Christ et Dieu même; où l'indifférence totale en matière de religion , semble être le caractère propre de la génération qui s'élève parmi nous; et où nous n'entrevoyons plus de ressources pour l'Église notre mère; que, dans ce peuple malheureux, disséminé depuis dix-huit cents ans dans tous les coins de l'univers, sans jamais se confondre avec aucune nation; et dont la conversion annoncée par Moyse même, et ensuite dans toutes les parties des deux testamens, doit être pour elle *un retour de la mort à la vie ?*

On sent combien cette mine de l'instruction religieuse est féconde, disons mieux, inépuisable; quelle source de connaissances, en tout genre, jaillit sans cesse de cet océan de lumières; et que le meilleur moyen sans contredit, de former l'esprit et le cœur des jeunes gens, c'est de revenir sans cesse, et toujours avec de nouveaux developpemens sur l'étude de la Religion.

Tel était le plan de M. de l'Épée, et quelques-uns de ses élèves existent encore, pour répondre victorieusement aux inculpations de son successeur.

Nous établissons donc comme principe fondamental de notre méthode, que la Religion doit en être la première base; qu'il faut se hâter d'en jeter les premières semences dans l'esprit et dans le cœur; qu'elle doit marcher toujours en première ligne dans tout le cours de l'instruction des Sourds-Muets; qu'il serait à souhaiter qu'on lui consacre toujours au moins une demi-heure chaque classe; que le directeur d'une institution nombreuse devra s'en occuper souvent par lui-même, et s'assurer encore plus fréquemment de quelle manière ses intentions sont remplies à cet égard par les différens maîtres. Ils trouveront dans notre langue manuelle une grande facilité pour s'acquitter de cet important devoir, puisqu'elle leur donne le moyen d'exprimer aux élèves leurs idées tout entières, et dans les mêmes termes exactement dont on se servirait envers des personnes qui entendent.

Réflexions sur l'Instruction en général.

Pour toute espèce d'instruction en général, on aura soin de faire répéter aux élèves ce qu'on leur aura appris, et en s'adressant tantôt à l'un, tantôt à l'autre, afin de les tenir tous en haleine. Le maître quelquefois fera écrire la leçon sous sa dictée; d'autres fois ils la rendront eux-mêmes à leur manière, après l'avoir *écoutée.* (Qu'on nous passe le terme, tous les astronomes disent aussi, *Le soleil se lève.*) On verra par là, jusqu'à quel point chacun d'eux avance dans la connaissance de la langue, et les progrès de leur intelligence. C'est un exercice sur lequel il est nécessaire de revenir très-fréquemment. Il ne faut pas perdre de vue que nos Sourds-Muets, rendus à la société, seront sans cesse obligés d'écrire, et qu'on ne saurait trop les accoutumer à le faire rapidement, lisiblement et correctement.

En corrigeant chaque devoir, reprenez avec bonté. Indiquez le mot, la tournure qu'il aurait fallu employer. Afin d'aller plus vite, et de pouvoir chaque jour réformer au moins la majeure partie du travail, faites-vous aider par ceux qui sont les plus avancés, vis-à-vis de ceux qui le sont moins. Appelez à votre secours les bons, les mauvais points, les images, les bulletins envoyés aux parens, et tous ces petits moyens, par lesquels on peut en fait d'éducation, obtenir de si grands succès. Souvenez-vous que les récompenses sont bien plus utiles que les punitions : mais soyez ferme cependant, pour que rien ne trouble l'ordre de la classe, et qu'un mauvais sujet n'en empêche pas trente ou quarante de profiter de vos leçons. N'oubliez pas sur-tout le *nisi Dominus œdificaverit domum*, et tâchez d'attirer par vos prières la bénédiction de Dieu sur votre travail.

Compositions.

Dès que la chose sera possible, faites composer toutes les semaines, comme on le fait dans les colléges. D'abord ce sera un trait de la Bible, que vous leur raconterez, une autre fois quelque bel endroit de la Vie des Saints; plus tard même quelque fait saillant de l'Histoire profane, un récit intéressant des voyageurs, etc. On met tout à contribution; et semblable à l'abeille industrieuse, un maître intelligent sait tirer de chaque ouvrage ce qui peut être le plus utile à ses élèves. Il faut que votre récit soit retracé par chacun de vos enfans sur cahier et sur copie. Vous donnerez les places le lendemain, en tenant compte de l'exactitude des faits, du style, de l'orthographe et de la beauté de l'écriture. Tous les mois, il sera bon de donner un peu plus de solennité à cet exercice; et à la fin de l'année, une couronne et un prix au vainqueur.

Quand on sera familiarisé avec ces compositions, vous les rendrez plus difficiles. Vous ferez écrire des lettres sur une matière, dont vous tracerez d'abord un canevas un peu étendu, puis les principales idées seulement. Vous proposerez aux plus avancés, de beaux sujets; comme de prouver l'existence de Dieu; de montrer quelques-uns de ses divins attributs réfléchis dans le miroir de ses créatures; de prouver la certitude des miracles de Moïse; de démontrer la divinité de J.-C., un jour par sa vie sainte et sans exemple parmi les enfans des hommes;

dans une autre occasion, par sa doctrine au-dessus mille fois
de celle des plus grands philosophes ; tantôt par sa résurrection ; tantôt par l'établissement de son Eglise, sans le secours d'aucuns moyens humains, et malgré les passions, les
préventions, les résistances de tout genre qu'opposait l'univers
entier à sa conversion. Nous ne finirions point, si nous vou-
lions énumérer seulement tous les sujets intéressans qu'on
peut trouver, d'exercer utilement ces imaginations vives et
brillantes. La facilité avec laquel'e nous dictons à nos élèves
par notre langue manuelle, nous donne ici un grand avantage
sur les maîtres qui sont obligés de tout écrire, et nous met
dans le cas d'aller beaucoup plus vite.

Lectures.

Qu'on ne néglige pas cependant d'inspirer le goût de la
lecture. On aura fait un pas immense avec les élèves qui
voudront s'y appliquer. Mais quels livres leur mettrons-nous
entre les mains? D'abord : *l'Abrégé de l'Ancien Testament*, puis
le Saint Evangile, ensuite *la Vie des Saints*, *les mœurs des
Israélites et des Chrétiens*, *la Morale en action*, et les premiers volumes *du Spectacle de la Nature*. Après ceux-ci,
nous voyons peu de livres à indiquer en général. Les goûts
de vos élèves, les circonstances où ils peuvent se trouver, vous dirigeront sur le choix des ouvrages que vous
devez leur faire lire. Mais s'ils vous rendent un compte
exact de leurs lectures, soit par la langue manuelle, soit en
écrivant, soyez persuadé qu'ils auront fait de grands progrès,
quand ils posséderont bien le peu de volumes que nous venons
d'indiquer.

14

Géographie.

Pour donner à nos Sourds-Muets, quelque connaissance de la géographie, on se procurera par groupe de cinq ou six enfans, un grand carton d'environ deux pieds carrés. Sur une des faces seront collées quatre petites cartes, savoir: une Mappemonde, une carte d'Europe, une de la Terre Sainte, et une carte d'Italie; sur l'autre côté, une grande carte de France, comprenant suivant l'usage, une partie de la Suisse et des Pays-Bas. Le maître pour donner la leçon, suivra le dictionnaire de Vosgien. Il passe tous les endroits moins remarquables, sur-tout dans les pays étrangers, et ne s'arrêtera, même une première fois, qu'aux choses les plus importantes; se réservant à entrer dans de plus grands détails à une seconde lecture de cet ouvrage. Il nomme par nos signes manuels le lieu qu'il faut chercher, et les premières fois, va de groupe en groupe le montrer lui-même. Mais après quelques leçons, en indiquant qu'il n'est pas très-éloigné d'un point déjà connu, les yeux de lynx auxquels nous avons affaire, l'auront bientôt découvert. Dans le commencement, on donne un bon point à celui qui montre le premier. On met à la tête de chaque groupe un des enfans les plus attentifs et les plus sages. Par ce moyen le maître est soulagé; et cette manière de montrer la géographie, par laquelle on transporte ainsi continuellement les enfans de France en Italie, d'Europe en Afrique ou en Amérique, les intéresse singulièrement. Nous en avons fait l'expérience. En général, nous ne cesserons de le répéter, il faut avec les enfans le moins qu'on peut de définitions et de classifications: il faut avancer par l'usage.

Quand vos élèves montreront à l'instant sur la carte le lieu que vous leur demanderez, ne seront-ils pas plus avancés, que s'ils avaient appris longuement : que l'Europe est divisée en tant de parties, la France en tant de départemens, chaque département en tant d'arrondissemens etc. ? Ne parlez donc point de tout cela d'abord ; non plus que des cerclés de la sphère, des dégrès de longitude et de latitude etc ; vous y reviendrez plus tard : mais s'il y a quelque chose d'intéressant à dire sur une ville, sur un grand homme à qui elle a donné le jour, sur les mœurs des habitans d'un pays, ses productions curieuses, les animaux qui vivent dans les différents climats ; c'est ce qu'il ne faut jamais oublier. Ces récits, ces peintures, attacheront vos élèves à la géographie, et vous donneront occasion de leur développer plusieurs choses nouvelles.

Il ne faut pas négliger non plus de faire marcher la géographie à côté de l'histoire, c'est-à-dire de faire connaître à vos élèves, les principaux lieux, qui ont été le théâtre des évènemens qu'on leur raconte, soit dans l'histoire sainte, soit dans l'histoire profane.

Mathématiques.

Il est inutile que nous donnions des détails sur la manière de montrer les mathématiques. Puisque par notre procédé vous pouvez parler à vos élèves comme vous le feriez avec des enfans ordinaires, vous leur expliquerez d'abord l'artifice de la numération et les règles de l'arithmétique. Plus tard vous leur donnerez des démonstrations géométriques, sans éprouver aucune espèce de difficulté. Nous conseillerons seulement de faire pratiquer beaucoup; d'insister sur ce qui est usuel; comme dans l'arithméthique, sur les fractions et les opérations complexes, sur les règles de trois et de société; dans la géométrie sur l'arpentage, le toisé des bois, etc., etc.

La Trigonométrie rectiligne et sphérique, et par suite la levée des plans et des cartes, les sections coniques, et même les mathématiques transcendantes, ne vous seront point interdites, à l'égard de ceux de vos élèves, qui montreraient un goût et un talent particulier pour cette espèce d'étude.

Grammaire.

Nous en dirons autant de la connaissance de la grammaire. Ses règles peuvent être utiles à ceux qui connaissent l'usage de la langue pour perfectionner cet usage. Nous supposons nos Sourds-Muets arrivés maintenant à ce point. Mais ne vous appesantissez pas trop sur cette science. L'axiome de morale : *Longum iter per præcepta, breve per exempla,* est vrai de plus d'une manière. Sur-tout ne prenez pas pour modèle une grammaire compliquée, comme celle, par exemple, dans laquelle on met vingt temps dans le seul mode indicatif.

Histoire.

Arrivons à l'étude de l'histoire profane. S'il n'est question d'y appliquer qu'un petit nombre d'élèves, on ne pourra point prendre pour eux seuls, une partie du temps qui est destiné à l'instruction de tous. Il faudrait alors, ou leur en donner des leçons dans le particulier, ou leur mettre entre les mains, les livres qui en traitent, comme on fait pour les enfans ordinaires. Seulement il faut avoir l'attention, souvent trop négligée pour ces derniers, de leur faire rendre un compte exact de leurs lectures. N'oublions jamais en effet cette maxime fondamentale de l'éducation : qu'on ne sait point véritablement ce qu'on ne peut répéter, et qu'au contraire, suivant l'adage de l'Horace Français,

> Ce que l'on conçoit bien, s'énonce clairement,
> Et les mots pour le dire, arrivent aisément.

Si on veut donner quelque connaissance de l'histoire profane à toute la classe, le maître lira dans son cabinet l'excellent ouvrage de M. Rollin, et y ajoutera, s'il en a le temps, les autres auteurs qui peuvent l'éclairer sur cette matière. Ensuite il racontera à ses élèves les principaux faits, sans omettre aucun des détails importans. Car on ne retient pas l'ensemble, si on n'a pas été instruit des circonstances les plus intéressantes. Ainsi, par exemple, à l'occasion de l'histoire des anciens Egyptiens, il ne manquera pas de parler des Pyramides, du Nil, de ses inondations, de ses cataractes, des canaux dont l'Égypte était entrecoupée, du lac de Mœris, etc. Il appésantira sur les règnes plus importans des Pharaons, des écritures du temps de Joseph et de Moyse; de Sésostris, de Néchao, etc. et passera sous silence tous ceux qui ne présentent aucun intérêt. Car il faut donner la connaissance des faits utiles, et laisser dans l'oubli, des rois dont on sait simplement les noms.

On pourra, dans Rollin, passer momentanément l'histoire des Carthaginois qu'on retrouvera avec les Romains; afin d'arriver plutôt à l'empire des Assyriens et à celui des Babyloniens, aux règnes de Cyrus et de ses successeurs, qui ont une si grande liaison avec la captivité des juifs, et leur retour dans le pays de leurs pères.

Dans l'histoire grecque, on est assuré d'intéresser vivement par le récit des batailles de Marathon; de Salamine, de Platée, du combat des Thermopyles; par les vies de Solon, Pisistrate, Miltiade, Thémistocle, Socrate, Alcibiade, Lycurgue, Agésilas, Epaminondas, etc, etc., Gélon, Agathocle, les deux Denys, Timoléon, Hiéron, Archimède, la défense et la prise de Syracuse, etc., n'attacheront pas moins à l'histoire de cette ville, et de toute l'île dont elle était la capitale. Que dirons-nous de Démosthènes, Philippe, et Alexandre sur-tout, dont les conquêtes enchantent si fort les imaginations brillantes des jeunes gens?

Il est à propos ensuite de laisser dormir un moment l'histoire ancienne, pour commencer celle des Romains qui peu après cette époque, jouent un si grand rôle sur la scène du monde. Continuez à suivre le même plan. Préferez pour chaque classe ce que vous voulez raconter. En élaguant toujours ce qui est inutile, mais insistant fortement sur ce qui mérite plus d'attention, vous avancerez rapidement et avec fruit. Avec *Cornelius Nepos*, le *de viri de l'Homond*, *Plutarque*, etc., vous pouvez revenir par suite sur une partie de ce que vous avez déjà vu ; et faire repasser devant les yeux, comme dans une galerie de tableaux, les plus grands hommes de la Grèce et de Rome. En général, il est très-utile en éducation de faire plusieurs fois ces sortes de retours sur ce qu'on a déjà appris.

L'histoire des empereurs jusqu'à Constantin présente beaucoup de faits atroces et dégoûtans. Il faut se hâter davantage de la parcourir, en s'arrêtant toutefois avec satisfaction sur les bons princes ; comme Vespasien, Tite, Trajan, Marc-Aurèle, les deux Antonins, etc.

On ne peut se dispenser aussi de jeter un coup-d'œil rapide sur l'histoire du Bas-Empire ; si liée d'ailleurs, dans ses commencemens sur-tout, avec celle de l'Eglise, et des hérésies qui, protégées par plusieurs de ces princes, ont fait de si cruels ravages dans le champ du père de famille.

Après Théodose, célèbre par ses vertus, ses victoires et sa pénitence ; vous avez à peindre l'inondation des barbares, qui attaquent et renversent de tous côtés ce vieil édifice de l'empire Romain, déjà miné sourdement dans ses fondemens, et tout prêt à s'écrouler sur lui-même à la première tempête.

Notre royaume de France, comme tant d'autres états de l'Europe, sort de ces débris ensanglantés : et c'est ici sur-tout, qu'en suivant Vély et ses continuateurs, en travaillant, même sur des auteurs plus abrégés, vous avez prodigieusement à élaguer. Est-il nécessaire en effet à un Sourd-Muet, de savoir en détail ce qu'ont fait Mérovée, Clotaire, Clodomir et tant d'autres, sur-tout dans la première race de nos rois ? Nommez seulement chacun de ces princes dans leur ordre.

Mais attachez-vous aux règnes et aux faits vraiment intéressans : comme la fondation de l'empire français sous Pharamond ; la conversion des Francs sous Clovis ; Charlemagne ; Philippe-Auguste ; les incursions des Normands ; le roi Jean si grand dans sa captivité ; Saint Louis ; Charles V ; le malheureux Charles VI, et l'invasion des Anglais dans tout le royaume ; leur expulsion sous Charles VII ; les guerres d'Italie sous ses successeurs ; Henri III et la ligue ; Henri IV et ses illustres et malheureux petits-fils. N'oubliez pas les guerriers qui ont brillé sous ces règnes, Duguesclin, Dunois, l'héroïne d'Orléans, Bayard, Crillon, Turenne, Condé, etc., etc. ; les hommes d'état ou magistrats célèbres, Suger, d'Amboise, Sully, l'Hôpital, Richelieu, Mazarin, etc., etc., chacun d'eux présenté avec le caractère que leur assigne l'impartiale histoire. Car ces deux derniers sur-tout, sont loin d'être sans défauts. On sentira bien que, dans cet exposé rapide, nous omettons nécessairement beaucoup de princes, et sur-tout de personnages et de faits célèbres. Nous voulons indiquer seulement quelques vigoureux coups de pinceau dans le tableau qu'on aura à tracer.

Alphabet labial.

Dans les différentes instructions qui conviennent à nos Sourds-Muets, n'oublions pas l'utilité immense qu'on pourrait retirer de l'Alphabet labial, dont la connaissance les mettrait en communication avec toutes les personnes de la société. On sait que presque tous les élèves de M. de l'Epée reconnaissaient, au simple mouvement des lèvres, ce que voulaient dire ceux qui n'étaient point habitués à leurs signes. Tel est le but qu'on doit se proposer en leur apprenant l'Alphabet labial, et non proprement de les faire parler; ce qu'ils font toujours d'une manière imparfaite, dure et désagréable. On trouvera dans un miroir, les meilleurs documens qu'on puisse se procurer à cet égard. Le maître placé devant ce fidèle interprète, reconnaîtra bientôt lui-même, les mouvemens extérieurs de son visage, dans la prononciation qu'il fera lentement et distinctement, de chaque consonne, voyelle simple ou nasale. Ainsi il verra facilement que, pour prononcer le *K* et le *gue*, il se fait un petit renflement dans le gosier, plus fort pour le premier son, moindre pour le second; que pour le *r* au contraire, il y a dépression, et comme un petit enfoncement dans la même partie, etc.; que le *b*, le *m* et le *p*, qui paraissent d'abord si semblables, ont des différences sensibles pour un œil exercé, etc.; qu'il en est de même dans la prononciation de l'*a* et de la voyelle nasale *an*, etc., etc.

Comme nous nous supposons à une époque où le maître communique rapidement avec ses élèves, il leur explique et leur fait remarquer tous ces différens mouvemens extérieurs. Si les succès en ce genre ne s'obtiennent que par la patience et le temps, il est certain qu'ils ne sont pas impossibles. Nous en avons vu nous-mêmes, et on nous en a cité des exemples étonnans. Il ne faut pas se rebuter des premières difficultés, quand on pense que c'est là véritablement le complément de l'instruction des Sourds-Muets; que par là nous les rendons tout-à-fait à la société, à leurs parens, à leurs amis, qui n'apprendront guères nos signes de convention, ni les signes méthodiques dits naturels;

mais qui s'astreindront toujours volontiers, à leur parler lentement et distinctement, pour s'en faire comprendre.

On prétend que la connaissance de cet alphabet labial ne peut
se communiquer à tous les élèves d'une institution nombreuse.
Nous pensons que les difficultés éprouvées à ce sujet, ont eu
pour cause le désir qu'on a eu de faire parler les élèves eux-
mêmes, au lieu de les accoutumer simplement à reconnaître,
au seul mouvement des lèvres, ce qu'on voulait leur dire. Qu'on
s'en tienne là, et il est probable qu'on obtiendra plus de succès.
Vingt élèves peuvent, comme deux ou trois, apercevoir et s'accoutumer à remarquer ces différentes expressions des lèvres,
du visage, etc., etc., dont nous faisions mention tout-à-
l'heure.

Notions de Botanique.

Nous avons dit un mot au commencement de cet exposé,
de l'avantage qu'on pouvait retirer des promenades pour apprendre aux élèves les noms d'un grand nombre d'objets nouveaux. Ce premier but rempli, il faudrait tâcher de les utiliser
encore, au moins dans la belle saison, en leur donnant quelques notions de botanique. A quoi bon cette science, dira-t-on,
sur-tout pour des Sourds-Muets? D'abord il n'est pas, je crois,
nécessaire de dire que nous n'aspirons pas à en faire des Jussieu
ou des Linné, mais seulement à leur donner pendant des heures
perdues, quelques connaissances agréables et utiles, au moins
sur les plantes de leur pays. C'est autant d'ajouté à l'inven-
taire des différentes parties du domaine de l'homme. C'est au
milieu des champs et des bois, un sujet continuel pour ainsi dire

de conversations muettes avec les êtres qui nous environnent ; et elles ne seront pas sans agrément, pour celui qui est privé de l'entretien de ses semblables. Cette connaissance peut être d'une grande utilité pour ceux d'entr'eux qui vivront à la campagne. Elle les mettra dans le cas de trouver sur-le-champ, pour la guérison d'un grand nombre de maladies, les plantes ordonnées par un maître de l'art ; ou de les donner d'eux-mêmes à des pauvres, dans des cas simples ou peu compliqués. L'agriculture à laquelle ils peuvent se livrer un jour, appelle encore la botanique à son secours, et en fait un grand usage.

Combien d'ailleurs cette étude, même superficielle, peut être une source de bonne réflexions pour un instituteur pieux ; sur la beauté de ces fleurs des champs, que la magnificence de Salomon n'a jamais égalée ; sur la variété de leurs formes, de leurs couleurs ; sur cette verdure amie de notre œil, qui revet uniformément leurs tiges et leurs feuilles, et dont les nuances sont néanmoins si nombreuses, que chaque plante a son vert particulier, qui ne se confond point avec un autre, au premier coup-d'œil, et se diversifie cependant encore dans chaque partie du même individu ! etc. Combien on trouve d'occasions de s'écrier ici, comme à la vue du firmament :

> Oh ! que tes œuvres sont belles,
> Grand Dieu ! quels sont tes bienfaits !

Cette étude abrégée de la botanique, ne présentera aucune difficulté à un maître qui la saura lui-même. Les Sourds-

Muets, répandus autour de lui comme un essaim d'abeilles, cueilleront toutes les plantes qu'ils trouveront et les lui présenteront. Avec le secours de notre langue manuelle, il leur en dira les noms, les principales propriétés, la classe à laquelle chacune de ces plantes est rapportée, dans le système qu'il a embrassé. Il leur expliquera les caractères de ces classes, ce que c'est que le calice, les pétales, les étamines, le pistil, feuilles sessiles, pétiolées, en lyre, etc. etc., avec la même facilité, qu'un maître ordinaire le ferait à des enfans qui parlent et qui entendent. Nous l'engagerons seulement à ne pas s'attacher à un système où il faille toujours avoir le microscope et l'aiguille à la main, pour compter et disséquer les parties de chaque fleur. Celui de Tournefort, dans lequel on se règle sur les parties bien sensibles de la corolle et de la fructification, est plus facile et plus agréable à suivre. Si on est à portée d'un jardin botanique, on ne manquera pas d'y faire de temps en temps quelques visites; afin d'y apprendre à connaître beaucoup de plantes qu'on ne peut trouver dans la campagne; toutes celles de la France même n'étant pas réunies dans un espace de quelques lieues.

Étude du latin et de quelques langues vivantes.

Si quelques élèves, appartenant à une classe plus fortunée, semblent montrer beaucoup d'aptitude pour les sciences; ce ne sera pas une chose difficile de leur apprendre, avec le secours de notre langue manuelle, le latin, l'italien et l'espagnol. Les langues du nord, hérissées de consonnes, de-

manderaient qu'on fît des additions à notre tableau. Pour les
trois langues dont nous parlons, il ne s'agira que de choisir
d'abord des livres très-élémentaires, et qui traitent de choses
qui soient déjà connues de vos élèves. On leur fait lire une
phrase, on la traduit en français par notre langue manuelle,
on fait répéter aux écoliers ce qu'on vient de dire : et, par
ce moyen si simple et long-temps continué de traductions
journalières, sans construction ni décomposition des phrases,
ils apprendront, par l'usage, à lire avec intelligence, et à
rendre en français les langues que nous venons de citer. Il
ne nous paraît pas fort nécessaire de les exercer à écrire eux-
mêmes dans quelqu'une de ces langues. Vous pourriez toutefois, si vous les possédiez bien, y amener facilement
vos élèves avec le secours d'une grammaire, lorsqu'ils
connaîtront bien les mots, les tournures, les constructions
propres à chacune de ces langues. Vouloir composer en
une langue étrangère, avant ces préliminaires indispensables ;
c'est, à notre avis, entreprendre de bâtir une maison, et
mettre les travailleurs à l'ouvrage, avant de savoir seulement
où on prendra la pierre, la chaux, le sable, le bois, et
tous les autres matériaux dont on a besoin. On nous dira
qu'au collége on fait des thèmes dans les basses classes. Mais
aussi quel latin jusqu'en troisième au moins pour tous, et,
pour un grand nombre, jusqu'en rhétorique inclusivement.
Laissons toutefois cette discussion aux savans de l'univer-
sité, et rentrons dans notre sujet.

La logique et la métaphysique.

Lorsqu'enfin nos jeunes Sourds-Muets auront acquis toutes les connaissances dont nous venons de parler successivement, et lors qu'ils seront parfaitement instruits de la religion dont on n'aura pas cessé de les occuper; croit-on encore nécessaire de leur apprendre la logique, de les introduire dans les profondeurs de la métaphysique? Nous ne nous y opposons point. Seulement qu'on choisisse bien les livres qu'on leur mettra entre les mains, et dont on voudra se servir pour les guider dans ces labyrinthes obscurs; et qu'on n'ait pas recours aux Condillac, et autres philosophes du jour.

Tel est le plan qui nous paraîtrait le plus raisonnable pour l'éducation des Sourds-Muets d'une institution nombreuse; plan facile à suivre avec le secours d'une langue manuelle, qui écrit sur-le-champ tous les mots dont vous avez besoin, les noms propres comme les autres, avec une rapidité qui égale presque celle de la parole. Ce plan suppose des maîtres religieux et suffisamment instruits, mais non des aigles et des savans dignes du fauteuil académique.

Du reste nous exposons nos idées; et les instituteurs des Sourds-Muets adopteront celles qui leur paraîtront les plus convenables. Il serait à souhaiter que chacun de ceux qui s'occupent de cette intéressante éducation, traçât le sien, et fît connaître l'ensemble de sa méthode. On nous a dit à Paris, à l'école même, que depuis dix ans on ne suivait plus que de très-loin les principes exposés dans les écrits de M. Sicard. Si les professeurs estimables de cette maison ont cru devoir adopter une autre marche, nous les invitons à la faire connaître. Un jeune et spirituel instituteur particulier annonce aussi des idées nouvelles à ce sujet; nous le prions de les exposer en France seulement. Douze mille parens de Sourds-Muets, dont six cents à peine reçoivent le bienfait de l'instruction, réclament avec nous la communication de tous les moyens qui peuvent rendre à la société ces infortunés. Des voix éloquentes se sont élevées naguères en leur faveur au sein du corps législatif. C'est un gage assuré, qu'un bon prince, qui n'est jamais averti en vain des besoins de son peuple, fera pour eux, sous peu, tout ce qu'il sera possible de faire. Ne serait-il pas bien intéressant dans de pareilles circonstances, d'éclairer d'abord le gouvernement sur le meilleur mode d'instruction qu'il faudrait adopter ? M. de l'Epée a ouvert la carrière et y a marché à pas de géant. M. Sicard l'a parcourue ensuite avec un succès plus éclatant encore, mais qui ne nous paraît pas aussi bien fondé. Le bon et savant M. Jamet a démontré que ces hommes célèbres étaient encore bien loin du but qu'ils se proposaient d'atteindre ; et il en a approché davantage. En apportant aussi aux Sourds-Muets notre modique offrande, qu'il nous soit permis de solliciter, pour eux, la générosité de toutes les personnes riches de méditations et d'expérience à ce sujet. On convient généralement que l'instruction actuelle est lente, compliquée; qu'elles n'est pas à la portée du commun des maîtres. Nous présentons un moyen de communication, à l'aide duquel tout père de famille sachant lire et écrire, peut instruire lui-même un enfant

Sourd-Muet. Nous demandons qu'on en fasse l'essai de bonne foi ; et du reste qu'on simplifie, qu'on perfectionne encore ce moyen, qu'on en trouve un meilleur surtout, et nous serons alors au comble de nos vœux.

RÉPONSE à quelques objections sur la langue manuelle que nous employons.

On n'a pu se refuser a l'évidence, quand on a vu avec quelle rapidité un instituteur parlait à son élève par le moyen de nos signes manuels, mais on a multiplié les objections.

Première objection.

On a dit d'abord : Ce n'est pas là une méthode d'instruction.

Réponse.

Non-seulement nous en convenons, mais nous le disons les premiers. Nous ne présentons ces signes que comme un moyen rapide de communication avéc les Sourds-Muets, moyen de leur apprendre promptement la langue, 1°. par-ce que le maître peut sur-le-champ, à toute heure, dans toutes occasions, en marchant, comme en repos, et à l'aide d'une seule main, leur dire le nom français de chaque objet, de chaque personne dont il s'agit ; et que les élèves doivent en faire entr'eux le même usage, comme nous le prouverons tout-à-l'heure. 2°. Parce que, lorsque les Sourds-Muets commenceront à posséder la langue, le maître pourra leur faire, sur telle matière qu'il lui plaira, des instructions suivies, et sera assuré, non qu'on comprendra dès à-peu-près, comme lorsqu'il parle en signes dits naturels où méthodiques; mais qu'on saisira sa propre expression, telle qu'il la rendrait par la parole, à des enfans capables de l'entendre.

Nous venons d'indiquer la méthode, qu'il nous paraîtrait plus convenable d'employer, en se servant de notre langue manuelle. Qu'après cela les instituteurs dirigent l'enseignement de leur école suivant le mode d'éducation qui leur paraîtra préférable; notre moyen de communication se trouvera sous la main de chacun d'eux, comme un utile auxiliaire pour tous, et ne condamnant par lui-même aucune méthode. C'est une expression de la pensée qui, à raison des signes supplémentaires sur-tout, est cinq où six fois plus rapide que la petite dactylologie, dont le bon abbé de l'Epée a dit dans le temps beaucoup de mal, et dont il n'a pas cessé toutefois, dont ses successeurs ne cessent pas de faire un usage non-seulement journalier, mais de tous les instans.

Seconde objection.

On a dit en second lieu, que les signes naturels étaient beaucoup plus commodes dans une infinité d'occasions, non-seulement pour les élèves entr'eux, mais sur-tout pour leurs communications au dehors ; et qu'un Sourd-Muet qui se servirait de notre syllabaire, se trouverait isolé de l'univers entier, tandis que les Sourds-Muets de tous les pays, communiquent entr'eux et avec ceux qui parlent, par le moyen des signes naturels.

Réponse à la seconde objection.

Pour répondre à cette objection, il faut distinguer les signes véritablement naturels de ceux à qui on a donné ce nom très-improprement, et que M. de l'Epée nommait plus justement signes méthodiques. Les premiers par là même qu'ils sont véritablement naturels, se font et sont compris par tous les hommes de tous les pays sourds ou non. Seulement les Sourds-Muets ont plus d'aptitude à les exécuter, et à les saisir rapidement, parce qu'ils s'y sont exercés davantage. Il n'est pas nécessaire de donner aucune leçon de ces signes ; chacun les trouve à l'instant même, toutes les fois qu'il veut peindre un objet physique, exprimer un besoin, une vive affection de l'âme, etc. Nous sommes bien loin d'exclure ces signes, et les Sourds-Muets instruits par notre procédé, s'en serviront et entr'eux, et avec ceux qui parlent, dans toutes les occasions où ils pourront les employer avec succès.

Mais que l'on remarque bien ; on ne leur apprend rien par ces signes naturels. Ils connaissent déjà cette langue et mieux que nous. Elle ne nous donne point avec eux par

conséquent de nouvelles communications. Par ce seul moyen,
non plus que par celui des signes méthodiques dont nous
allons parler, vous ne les introduirez jamais dans la connaissance et la pratique de la langue française. Portez la
main au-dessus de vos yeux, ou posez-la sur votre cœur
avec un sentiment d'affection indiqué par l'expression de
votre visage, vous donnerez dans le premier cas, l'idée de
front, je suppose même celle d'*esprit*; dans le second signe
celles de *cœur* et d'*amour*. Mais si vous n'écrivez pas les
mots français *front*, *esprit*, *cœur* et *amour*, vos élèves
n'auront pas fait un pas dans la connaissance de la langue;
et si vous n'écrivez jamais, jamais ils n'en sauront une
ligne; jamais ils ne pourront exprimer aucune idée en
français; jamais vous ne pourrez complètement leur exprimer les vôtres; car la langue française (et j'en dirais
autant de la langue maternelle de chaque pays) est celle
que vous possédez parfaitement; celle dans laquelle vous
avez l'habitude de rendre votre pensée toute entière; et
la pantomime la mieux combinée n'y suppléera jamais que
d'une manière très-incomplète. Nous convenons sans peine
que par une méthode mixte, c'est-à-dire la pantomime
jointe à l'écriture, on parvient réellement, à raison du secours de cette dernière, à apprendre le français aux Sourds-
muets; et que la pantomime peut être ensuite un moyen
utile de leur rappeler l'idée de la chose. Mais après ce
premier pas fait, si la pantomime restait seule, si vous
cessiez d'employer l'écriture, vos Sourds-Muets, à la vérité,
se rappelleraient bien l'idée que vous avez gravée dans leur
esprit; puisqu'un signe extérieur la peindrait à leur imagi-

nation, mais ils oublieraient bientôt le mot français : au lieu qu'en écrivant toujours le mot de la langue maternelle, ils n'oublieront ni ce mot, ni l'idée qui y est attachée.

Qu'on se pénètre donc bien de cette idée fondamentale, que les Sourds-Muets ne forment pas un peuple dont nous ayons besoin d'apprendre la langue; mais que ce sont des individus qu'il est nécessaire d'instruire de la nôtre. Il faut donc écrire avec eux, il faudrait écrire sans cesse pour ainsi dire. Les méthodes les plus vantées et les plus ingénieuses en apparence, ne seraient qu'excessivement ridicules, si on n'écrivait pas. La meilleure sans contredit, sera celle où on écrira le plus; et l'homme qui donnerait à tous les individus de la société le moyen d'écrire aux yeux du Sourd-Muet, de le faire continuellement et aussi rapidement que la parole; oui, celui-là aurait résolu complètement le problème qui nous occupe en ce moment.

Je reviens aux signes naturels : et je dis; que les Sourds-Muets seraient bien à plaindre, s'ils étaient réduits à cette seule ressource. En leur développant toutes les idées, que comporte la raison de l'homme d'une part, et de l'autre l'état actuel de la civilisation; on a imaginé de leur donner des signes, par lesquels ils pussent aussi représenter chacune de ces idées, les rappeler dans leur mémoire, et les peindre pour ainsi dire aux yeux de ceux qui auraient reçu la même éducation. Ces signes ne sont nullement naturels. Ce sont de véritables signes de convention. Mais pour la plupart des mots, cette convention n'est établie que d'une manière très-vague, comme on peut s'en convaincre en

lisant le dictionnaire de signes de M. Sicard, et comme
M. Jamet l'a fort bien démontré dans son second mémoire.
Il résulte de ce vague, de cette incertitude d'un grand nombre de signes de M. Sicard; que si les élèves d'une même
école, s'entendent entr'eux et avec leur maîtres, du moins à
peu-près, il est certain qu'ils ne sont plus en communication
par ce moyen, ni avec les Sourds-Muets des autres écoles,
qui prétendent marcher sous la même bannière, ni avec les
hommes ordinaires. Je dis qu'ils s'entendent à peu-près seulement; cette assertion est justifiée pleinement par la difficulté qu'avait éprouvée dans une occasion M. Sicard lui-
même (Comme on l'a dit dans les journaux) de faire écrire
par ses élèves l'idée de *pomme amère*; l'un mettant *pomme
acide*, un autre *pomme non mûre*, un autre *pomme verte*, etc.
Les signes de M. Jamet n'ont pas cet inconvénient étant
fixes et invariables. Mais par là même il faut les apprendre
tout-à-fait par cœur; et alors qu'elle charge immense pour
la mémoire, même en se bornant aux noms communs les
plus usités, c'est-à-dire à cinq ou six mille! C'est donc un
autre désavantage dont ce pieux instituteur, aussi modeste
que savant, est convenu lui-même. Les nôtres à la vérité
sont dans le même cas, ils sont tous signes de convention,
mais le nombre en est très-restreint. Ils suffisent pour exprimer les quarante mille mots de la langue; et nous posons
en fait, que nos signes syllabaires sont encore moins nombreux
que les signes purement conventionnels employés par M. Sicard pour les parties grammaticales, et autres objets sur
lesquels il faut s'exprimer d'une manière précise. En supposant que le nombre de ces signes conventionnels fut égal

de part et d'autre, en supposant même que nous en eussions davantage, ne vaudrait-il pas mieux apprendre les nôtres qui disent tout en français; plutôt que ceux de M. Sicard, qui vous montreront à figurer l'article, les différens pronoms, temps des verbes, etc., auxquels il faudrait ajouter des milliers d'autres signes, moitié fixes, moitié variables, et dont il faut quelquefois dix pour faire un seul nom. N'oubliez pas d'ailleurs qu'avec tous ces signes de M. Sicard, vous n'aurez pas instruit vos élèves d'un seul mot de français, si de plus vous n'avez pas pris la peine de le leur écrire.

Les Sourds-Muets des diverses institutions ne s'entendant point entr'eux, ni avec les hommes ordinaires, par les signes dits naturels; quelle est donc la ressource même des plus instruits, quand ils veulent non pas dire deux ou trois mots, mais avoir une conversation suivie avec quelqu'un hors de leur école? Ils écrivent et on leur écrit. Nos élèves l'auront aussi cette ressource; et ils s'en serviront avec plus de facilité, parce que notre méthode les habitue davantage à faire usage de la langue de leur pays.

Troisième objection.

On a dit encore que les élèves de chaque école, n'emploieraient pas entr'eux notre syllabaire, parce qu'ils ne se servaient pas même des signes actuels de leurs maîtres, ayant un langage particulier qui n'est pas compris de ceux-ci. Que si cela avait lieu, lorsque les signes des maîtres, se rapprochent si fort des signes véritablement naturels; à plus forte raison, les Sourds-Muets ne pratiqueraient pas entr'eux un moyen de communication, qui n'aurait aucune espèce de rapport avec leurs signes habituels.

Observation sur cette objection.

Avant de répondre à cette objection, que nous présentons ici dans toute sa force, et qui a fait une grande impression sur les esprits ; qu'on nous permette d'abord de faire valoir en notre faveur cette vérité de fait et déjà connue : *Que les Sourds-Muets ne se servent pas entr'eux des signes qui leur sont appris par les maîtres ; et qu'ils ont un langage particulier auquel ceux-ci ne comprennent rien.* Ainsi les signes *méthodiques*, et tous ceux que M. Sicard appelle *naturels*, et qui ne le sont pas par conséquent, sont réservés pour les leçons du maître ; comme nous le disions dans notre mémoire à l'administration ; conduits à cette conclusion, par la suite même de notre raisonnement sur les inconvéniens de ces sortes de signes. Ainsi les élèves sont privés en grande partie, de l'avantage inappréciable d'avancer par l'usage dans la connaissance de la langue, à raison de la communication des idées dans leurs jeux, et dans tous leurs instans. Si cet avantage immense n'est pas entièrement perdu, on le doit à la petite dactylologie ; par le moyen de laquelle, tout en dictant les lettres les unes après les autres, ils se disent au moins entr'eux quelques mots français. Il est facile à un observateur, de remarquer qu'il se servent encore très-fréquemment de cet alphabet ; les noms propres revenant à chaque instant dans la conversation ordinaire.

Réponse à la troisième objection.

Nous dirons donc pour répondre à l'objection, que dans le cas même où les Sourds-Muets ne voudraient pas se servir entr'eux de nos signes syllabaires, nous resterions à cet égard d'après l'objection même, dans la position où se trouvent les maîtres actuels. Mais nous allons plus loin, et nous soutenons que les élèves une fois instruits de nos signes, s'en serviront entr'eux; d'abord, au moins dans toutes les occasions où ils emploient la petite dactylologie, c'est-à-dire pour dicter les noms propres, et pour se faire comprendre quand ils ne peuvent le faire autrement, ce qui arrive plus souvent qu'on ne pense. La chose est démontrée par l'avantage immense qu'a notre syllabaire sur cette petite dactylologie; et nous ajoutons qu'ils s'en serviront encore beaucoup plus souvent, à raison de la facilité qu'il leur donnera d'exprimer leurs pensées rapidement, et avec une netteté, une précision qu'ils ne peuvent obtenir de leurs signes habituels. Pour nous servir de l'exemple cité ci-dessus: Qu'un Sourd-Muet dans la conversation veuille dire à un de ses camarades les deux mots *pomme amère*, il a par notre procédé trois signes à faire avec la main, non compris les supplémens qui ne sont rien, et il est assuré que son camarade a saisi toute sa pensée. S'il veut au contraire s'exprimer par signes naturels, il faut montrer un fruit qu'on cueille sur un arbre, figurer sa forme et quelqu'une de ses qualités, comme la fermeté, afin qu'on ne le confonde pas avec une poire ni avec une pêche, (encore y a-t-il des poires parfaitement rondes, et des pêches qui se croquent, comme le brugnon) et enfin faire toutes les grimaces nécessaires pour indiquer cette qualité *amère*, sans être assuré néanmoins, comme l'expérience l'a prouvé, que cette qualité ne sera point confondue avec *désagréable, non mûre, verte, acide, pourrie, etc,* S'il veut dire *mer*, il ne fait par notre moyen que le signe de l'*m* avec le supplément, et aussitôt son camarade de qui nous supposons que cette idée est connue, se représente une étendue immense d'eau très-salée, qui reçoit le tribut des fleuves, sur laquelle voguent des vaisseaux, qui est agitée par de grandes tempêtes, etc. S'il veut au contraire se servir des signes naturels, il lui faudra par une pantomime qui met tout son corps en action, figurer au moins une grande partie de cette description, afin de préciser l'idée, et ne pas oublier celle de salée, afin qu'on ne confonde pas l'objet en question avec les grands fleuves et sur-tout avec les lacs qui ont à-peu-près le même caractère, mais dont l'eau est ordinairement douce. Nous regardons donc comme démontré, que dans une multitude de rencontres, les Sourds-Muets sachant nos signes, s'en serviront de préférence à leurs signes purement naturels. Toute la difficulté consiste à les apprendre; et elle n'en sera pas une pour eux, lorsqu'une fois les maîtres le voudront fortement. M. Jamet nous a écrit que les plus avancés même, d'entre ses élèves, s'y appliquaient avec plaisir et avec succès.

Nous convenons au total et nous le répétons encore,

qu'il serait possible, de simplifier et perfectionner ce procédé. Nous appelons de nouveau à cet égard les doctes méditations de tous les amis des Sourds-Muets, de tous ceux qui ont beaucoup réfléchi sur l'usage de la langue. Trois instituteurs de pays divers nous ont déjà déclaré, que cette langue ma-nuelle leur paraissait devoir être très-utile aux maîtres pour dicter rapidement à leurs élèves. Il faut espérer qu'elle revien-dra un jour de quelqu'un de de ces lieux à la *mère patrie*; suivant l'aimable titre que M. Sicard donnait à l'Ecole de Paris; qu'elle y arrivera avec un degré de perfection qui la rendra plus recommandable, et appuyée par des hommes qui auront le talent de la faire prévaloir.

En attendant cet heureux évènement ou quelqu'autre du même genre, nous espérons que la force irrésistible de la raison rendra peu-à-peu populaires, quelques vérités qui nous paraissent devoir être la base de toute l'éducation des Sourds-Muets; savoir :

1°. Qu'il ne faut pas commencer leur instruction par la grammaire et la métaphysique, mais suivre avec eux la marche naturelle adoptée pour les autres enfans; sauf à l'a-dresse de l'instituteur, à suppléer par la bonté de sa mé-thode, à ce qui manquera toujours avec des Sourds-Muets du côté du fréquent usage.

2°. Qu'il ne faut pas toujours développer dès l'abord, toute l'idée de chaque mot, ni tracer des définitions rigou-reuses; mais se contenter de ce que l'intelligence peut por-ter pour le moment, comme on le fait à l'égard des autres enfans.

3°. Que, comme une mère chrétienne sanctifie dans un enfant qui parle le premier usage de la langue, en lui faisant prononcer le nom de Dieu et celui de notre divin Sauveur; de même il ne faut pas attendre trop tard, pour faire connaître aux Sourds-Muets ces noms sacrés, leur donner quelques idées religieuses, et ensuite les instruire solidement à ce sujet.

4°. Enfin que les Sourds-Muets vivant au milieu de nous, il faut leur apprendre notre langue le plutôt possible, en écrivant devant leurs yeux, le nom de chaque chose, de chaque pensée qu'on leur présente; que les signes méthodiques de MM. de l'Epée et Sicard rappelant seulement l'idée et non pas le mot, sont insuffisans pour arriver à ce but, comme M. Jamet l'a démontré; qu'une langue manuelle ou labiale, qui écrira les mots devant leurs yeux, retracera en même temps dans leur esprit les idées qu'on y a attachées; et que le meilleur procédé sans contredit sera celui, qui avec le moins de signes, et de la manière la plus prompte et la plus commode, pourra écrire ainsi à chaque instant tous les mots de la langue sans exception.

Daigne celui de qui *vient tout don parfait*, inspirer à quelqu'un la solution complète de ce problème. Avec quels transports de joie nous nous écrierions alors ! *Bene omnia fecit, et surdos fecit audire, et mutos loqui.*

FIN.

Les personnes qui désireraient faire à l'auteur quelques observations, ou lui demander quelques renseignemens, sont priées d'adresser leurs lettres franches de port à M. Babeau, Directeur des Postes à Troyes, *pour le père d'un Sourd-Muet.*

Imprimerie de Chaigniau jeune.

No 1.

No 1.

N.º 2.

N.3

N.3.

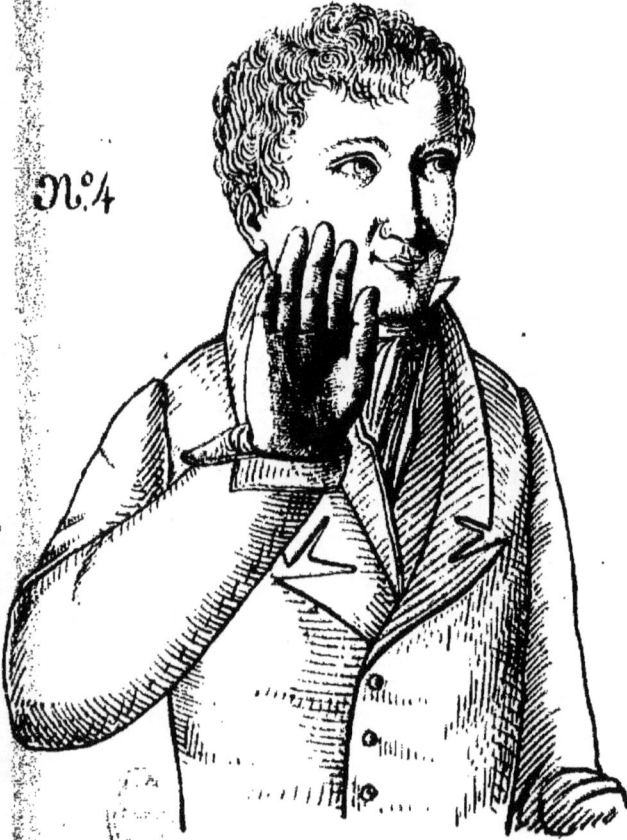

Pl. 4.

Nº 4

N.º 6

N.º 7

Pl. 7.ª

Fig. 8.

N.º 8

Pl. 9.

N.º 9

Pl. 11.

N.12

N.º12

Position du Pouce. Pl. 13.

1.

2.

Consonne.   Syllabes par A.

3.

4.

Syllabes par E.   Syllabes par I.

Position du Pouce. Pl. 14.

Syllabes par O.

Syllabes par U.

Syllabes par Y.

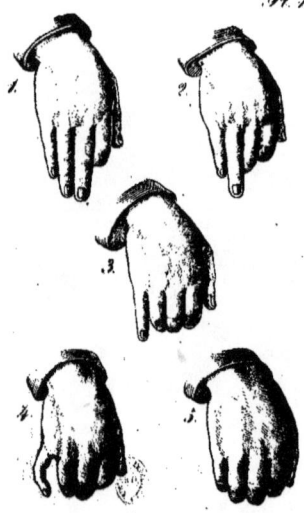

Mouvement des Doigts. Pl. 15.

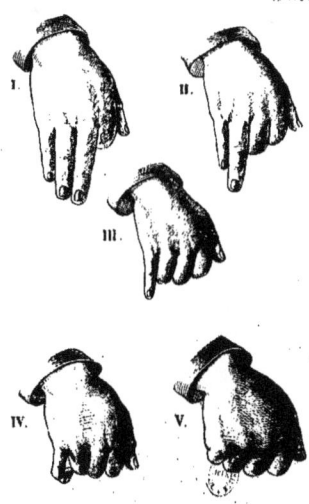

Mouvement des Doigts. Pl. 16.

www.ingramcontent.com/pod-product-compliance
Lightning Source LLC
Chambersburg PA
CBHW072106090426
42739CB00012B/2875